千葉公慈

渓谷和尚の辻説法

じっくり読み解く

般若心経

大法輪閣

摩訶般若波羅密多心経

摩《ま》訶《か》般《はん》若《にゃ》波《は》羅《ら》蜜《みっ》多《た》心《しん》経《ぎょう》

観《かん》自《じ》在《ざい》菩《ぼ》薩《さつ》。行《ぎょう》深《じん》般《はん》若《にゃ》波《は》羅《ら》蜜《みっ》多《た》時《じ》。照《しょう》見《けん》五《ご》蘊《おん》皆《かい》空《くう》。度《ど》一《いっ》切《さい》苦《く》厄《やく》。舎《しゃ》利《り》子《し》。色《しき》不《ふ》異《い》空《くう》。空《くう》不《ふ》異《い》色《しき》。色《しき》即《そく》是《ぜ》空《くう》。空《くう》即《そく》是《ぜ》色《しき》。受《じゅ》想《そう》行《ぎょう》識《しき》。亦《やく》復《ぶ》如《にょ》是《ぜ》。舎《しゃ》利《り》子《し》。是《ぜ》諸《しょ》法《ほう》空《くう》相《そう》。不《ふ》生《しょう》不《ふ》滅《めつ》。不《ふ》垢《く》不《ふ》浄《じょう》。不《ふ》増《ぞう》不《ふ》減《げん》。是《ぜ》故《こ》空《くう》中《ちゅう》無《む》色《しき》。無《む》受《じゅ》想《そう》行《ぎょう》識《しき》。無《む》眼《げん》耳《に》鼻《び》舌《ぜっ》身《しん》意《に》。無《む》色《しき》声《しょう》香《こう》味《み》触《そく》法《ほう》。無《む》眼《げん》界《かい》。乃《ない》至《し》無《む》意《い》識《しき》界《かい》。無《む》無《む》明《みょう》。亦《やく》無《む》無《む》明《みょう》尽《じん》。乃《ない》至《し》無《む》老《ろう》死《し》。亦《やく》無《む》老《ろう》死《し》尽《じん》。無《む》苦《く》集《しゅう》滅《めつ》道《どう》。無《む》智《ち》亦《やく》無《む》得《とく》。以《い》無《む》所《しょ》得《とく》故《こ》。菩《ぼ》提《だい》薩《さっ》埵《た》。依《え》般《はん》若《にゃ》波《は》羅《ら》蜜《みっ》多《た》故《こ》。心《しん》無《む》罣《けい》礙《げ》。無《む》罣《けい》礙《げ》故《こ》。無《む》有《う》恐《く》怖《ふ》。遠《おん》離《り》一《いっ》切《さい》顛《てん》倒《どう》夢《む》想《そう》。究《く》竟《ぎょう》涅《ね》槃《はん》。三《さん》世《ぜ》諸《しょ》仏《ぶつ》。依《え》般《はん》若《にゃ》波《は》羅《ら》蜜《みっ》多《た》故《こ》。得《とく》阿《あ》耨《のく》多《た》羅《ら》三《さん》藐《みゃく》三《さん》菩《ぼ》提《だい》。故《こ》知《ち》般《はん》若《にゃ》波《は》羅《ら》蜜《みっ》多《た》。是《ぜ》大《だい》神《じん》呪《しゅ》。是《ぜ》大《だい》明《みょう》呪《しゅ》。是《ぜ》無《む》上《じょう》呪《しゅ》。是《ぜ》無《む》等《とう》等《どう》呪《しゅ》。能《のう》除《じょ》一《いっ》切《さい》苦《く》。真《しん》実《じつ》不《ふ》虚《こ》。故《こ》説《せつ》般《はん》若《にゃ》波《は》羅《ら》蜜《みっ》多《た》呪《しゅ》。即《そく》説《せつ》呪《しゅ》曰《わつ》。羯《ぎゃ》諦《てい》。羯《ぎゃ》諦《てい》。波《は》羅《ら》羯《ぎゃ》諦《てい》。波《は》羅《ら》僧《そう》羯《ぎゃ》諦《てい》。菩《ぼう》提《じ》薩《そ》婆《わ》訶《か》。般《はん》若《にゃ》心《しん》経《ぎょう》

はじめに

「夕焼けは赤く美しい…」私たちは何げなく、そう信じて疑わない日々を送っています。しかし夕焼けは、真実の世界として赤い景色といえるのでしょうか？一緒に散歩している愛犬には、モノトーンの夕暮れが広がっているかも知れないのに……。

こう考えてみますと、色も音も匂いも味わいも、ふだん私たちがこうだと思い込んでいる出来事など、実際にはまるで当てにならない可能性があることにも気づくはず。ましてや人生の出来事や、他人への評価に至っては、よくよく考えなければならず、たやすく判断など出来るはずもありません。しかしそれでも私たちは、気楽で無反省な〝思い込み〟という日常に流されながら、日々の生活を送っているものです。それを仏教では「無明《むみょう》」といいます。それゆえ人間は苦悩をかかえた存在として、「一切皆苦《いっさいかいく》」の人生を生きる宿命にあるのです。

しかし、そんな苦悩する私たちに向けて、今からおよそ二千年前に「般若経」と呼ばれる経典群が編まれました。その流れを汲むひとつが『般若心経』です。あなたがこれから紐解こうとするこの『般若心経』には、仏教独自の「空《くう》」という考え方が明かされています。すべては私たちの苦悩する正体をあばき、破壊し、そして拭い去るために説かれた究極の教えです。

「空」とは、何も存在しないということではありません。あらゆるモノは、その実体としての性質が欠如しているという意味です。そう、夕焼けは赤く、空は青いとは限らないように、この世界は決してあなたが思った通りの姿をせずに〝存在している〟と主張するのです。

そのような不思議な感覚をもって本書をお読みくだされば、きっと楽しんでいただけると思います。あるいは思い込みの沼地に嵌《はま》っていた方にも、気づきの蓮華を咲かせることが出来るかも知れません。なぜなら「空」の魅力とその智慧を知ってしまった以上、あなたは昨日までのあなた自身とは異なる世界を生きることになるのですから。

では本書の旅の終わりに、またお目にかかりましょう。

〈目次〉

はじめに　4

第一話　時代を変革する『般若心経』　12
AI時代の仏教の可能性／今だからこそ『般若心経』／謎と神秘の『般若心経』／『般若心経』という祈り／【摩訶】／【般若波羅蜜多】

第二話　心のスートラであること　26
【心】／「心」の類義語と「フリダヤ」／心臓を差し出そうとしたサンキッチャ／【経】／「経」とは何か？／「経」が生まれた意外なきっかけ

第三話　観音と『般若心経』　40
【観自在】／自在天信仰と『般若心経』／「観自在」とは誰か／【菩薩】／「菩薩」の道を生きる

第四話　照見の眼　54
【深般若波羅蜜】／「甚深」と沈黙、そして許し／沈黙、そして許しへ／【行】／純粋な心と「菩薩行」／【照見】／内観としての「照見」

第五話　五蘊――その認識のプロセス　68
【五蘊】／物質の世界と精神の世界／「五蘊」のはたらきとその流れ／心のスクリーンから分別へ／目に見える世界と目に見えない世界／【皆空】／「空なるもの」を求めて

第六話　哲理と救済　82
【度一切苦厄】／「空」の哲理から救いの教えへ／仏心を呼び覚ますための「空」の哲理／【舎利子】／「縁起」の思想から「空」の哲理へ／「智慧第一」舎利子という人物／舎利子からの問いかけが意味するもの―「梵天勧請」ふたたび―

第七話　言語習慣の陥穽　96
【色不異空　空不異色】／言葉の正体、〝差異〟とは?!／言葉の習慣性が誘導する〝落とし穴〟／知ること、考えること、そして祈ること／習慣性を破壊する「空」／本質が無い

からこそ成立するこの世界

第八話　色即是空の世界　108
【色即是空　空即是色】／体験する「空」――『小空経』ふたたび――／ガンジス河の泡沫をみよ――色から空へ――／無花果の林に入りて／空はニヒリズムか？／丹霞天然の焼仏――空から色へ――

第九話　二人の絵師　122
【受想行識　亦復如是】／ふたたび、ガンジスの河辺にて／私が見つめる私、あなたが見つめる私……／【舎利子　是諸法空相】／「空の教え」で照らされた世界／二人の絵師の逸話

第十話　否定と真理　136
【不生不滅　不垢不浄　不増不減】／人間は真理にたどり着くのか？／「ああでもない、こうでもない……」／ニヒリズムを超えて／「八不中道」とは／言葉とは差異である／相対論の彼方へ

第十一話　空から縁起へ　150

【是故（舎利子）空中無色】／この世界のすべてとはなにか？／空である存在が、どのように縁起するのか?!／縁起のための空にして、空のための縁起にあらず／矛盾する二つの自己／「是故空中」の目指すもの／坦山が捨てたもの、そして抱いたもの

第十二話　「無」とは何か　164

【無受想行識】／常識を打ち破れ！／出来合いの言葉を捨てて、おのれの言葉を語れ！／ふたたび、「無」とは何か／「筏を捨てよ」のメッセージ

第十三話　散りゆく花　178

【無眼耳鼻舌身意】／〝どっこいしょ〟の語源説「六根清浄」／「六根清浄」と「屋敷の中で騒ぐ猿」／【無色声香味触法】　散りゆく花々を惜しんで……／存在が無意味になるとき

第十四話　十二処・十八界に生きる　192

「受け入れる認識」から「働きかける認識」へ／この「十八界」に生きる……／「十八界」だからこその解脱

第十五話　縁起と無明　204
【無無明亦無無明尽】／「縁起を見る」ということ／「無明」を知るということ／自己肯定と自己否定のはざまで……
第十六話　十二縁起をめぐって　216
【乃至無老死亦無老死尽】／人間にとって「死」とは何か／知ることは信じること／十二縁起とは何か／老いも死もないとは?!
第十七話　四つの真理と八つの道　230
【無苦集滅道】／臨床仏教学から見た苦悩する真理――苦諦／因の集まりが縁起する真理――集諦／導かれる希望の真理――滅諦／心と体の「易行」――道諦／不変なものを学ぶために／王法と仏法
第十八話　脱構築と諸行無常　248
【無智亦無得以無所得故】／脱構築と諸行無常／私は私であるが、すでに私ではない？／自己の追求から自己の完成へ／テセウスの船に乗って／世界が起こるとき

第十九話　恐れなき菩薩たち　264
【菩提薩埵　依般若波羅蜜多故　心無罣礙】／捨てることと救われること／救われた人の生き方／【無罣礙故　無有恐怖】

第二十話　存在と言葉　278
【遠離一切顛倒夢想　究竟涅槃】／人間の暴走を止めるもの／【三世諸仏　依般若波羅蜜多故　得阿耨多羅三藐三菩提】／信じることは知ること／【故知般若波羅蜜多　是大神呪　是大明呪　是無上呪　是無等等呪　能除一切苦　真実不虚　故説般若波羅蜜多呪　即説呪曰】／存在と言葉

第二十一話　空――永遠への旅立ち　294
【羯諦羯諦　波羅羯諦　波羅僧羯諦　菩提薩婆訶　般若心経】／陀羅尼と三昧（禅定）は表裏一体／生きる力が湧いてくる言葉／空――永遠への旅

おわりに　306

装幀　鎌内　文

第一話　時代を変革する『般若心経』

◆AI時代の仏教の可能性

ことばの鍵

「父母の一子《いっし》を念《おも》うが若《ごと》く、三宝《さんぼう》を存念《ぞんねん》すること、一子を念うが如くせよ」

（道元禅師『典座教訓《てんぞきょうくん》』）

ある報道番組で、興味深い一場面を目の当たりにしました。それはひとりの人工知能（Artificial Intelligence：AI）の開発者が、二〇一八年に起きた二歳児行方不明事件を取り上げて、笑顔でこんな趣旨のコメントをしたのです。

「いやぁ、これからのＡＩ時代には、もはやスーパーボランティアのおじさんは登場しません。おそらく過去の出来事になるでしょう。数百個のドローンに人工知能を搭載して一斉に放てば、たちまち解決しますから……」

私は唖然としました。確かにそれは当然の予測であり、また、その結果に異論はありません。おそらく近未来では救助のみならず、あらゆる生活の場面でＡＩ搭載のロボットが、徹底的に人間の代理を務めてくれることでしょう。しかし私たちはそうした社会が現実になったとき、あの感謝と感動は一体どこへいってしまうのでしょうか。さらにこの世界から、何を学ぶことが出来るのでしょうか。

私たち現代人は産業革命以降、多くの文明の利器に囲まれて暮らしてきました。多くの道具を使いこなし、安全で快適、そして豊かな生活環境を次々に手に入れてきたのです。しかし同時に、私たちは、すでに何かを失いながら進歩してきたことも事実です。例えば古人は、一口の飲み水に井戸を掘ってくれた人間の苦労をしのび、大自然を旅してきた一滴に遥かなる大空と山河を思い描いていました。それが今や、蛇口に手を差し出せば簡単に水が勢いよく飛び出す時代です。こうした環境において、深い観察眼をもって暮らし、存在の価値や意義を見出すことは、極めて困難と言わざるを得ません。

現代は、過去にないほど人間性とは何かが喫緊《きっきん》に問われている時代です。おそらくは安全で快適な生活へと〝さらなる進化〟を遂げつつも、私たちはそこに息苦しさや危うさを感じていることも事実ではないでしょうか。マインドフルネスやＺｅｎ、修行のスローライフが注目されることと無縁とは思われません。

そこで私は、冒頭に掲げた道元禅師の言葉を想起するのです。道元禅師によれば、仏へ向かう心は、わが子への念《おも》いに通じると説くのです。そう、ＡＩ時代にあって、そんな人間による人間らしい「念い」について、大いに語り合いたいのです。なぜなら仏教の知恵によって、新時代の扉が開かれることを期待しているからです。

◆今だからこそ『般若心経』

ことばの鍵

「仏はひとり我がために法を説きたもう。余人のためにはあらず」

（龍樹《りゅうじゅ》菩薩『大智度論《だいちどろん》』大正蔵第二五巻一二三頁）

ところで、日本人に今もっとも親しまれているお経といえば、それは唐の玄奘《げんじょう》（六〇二〜六六四）が訳した『般若心経』をあげることが出来るでしょう。正しい名前は『般若波羅蜜（多）心経』。紀元前後に制作された様々な「般若経」のなかの、ひとつの経典です。

『般若心経』にはサンスクリット語の写本が現存しますが、それには正式な経典のスタイルをとった大本《だいほん》（広本）と、略式のスタイルにとどめて簡潔にまとめられた小本《しょうほん》（略本）とがあります。そしてこの二系統のサンスクリット語『般若心経』からは、それぞれの漢訳が生まれ、六本が現存します。このうち玄奘訳と鳩摩羅什《くまらじゅう》（四〜五世紀）訳とが小本に対応し、他の四本が大本に対応していま す。なかでも玄奘訳の『般若心経』が、断然人気を集めてきたわけです。

『般若心経』は、日本では宗派を超えて親しまれ、あらゆる法要で読まれます。最近は雑貨店でも簡単に〝写経セット〟が見つかるほどの人気です。なぜそこまで私たち現代人の心を惹きつけるのでしょうか？

それは「般若経」には時代や民族を越えて、一人ひとりに語りかける説得力があるからです。そしてその理由は、あの仏教の大変革、大乗仏教の登場にあると筆者は考えています。

アレキサンダー大王の遠征により、紀元前の西北インドはギリシア人が支配していました。あのミリンダ王はその代表です。二百年くらいは続きましたが、やがて塞種（サカ）族が入り、次にパルチア族、そうして最終的にはイラン系ともギリシア系とも由来されるクシャーン族が侵入するようになり、最終的にはクシャーンという大帝国が登場します。中国では大月氏《だいげっし》国と呼びます。

クシャーン国は、多くの異民族が入り乱れる中、シルクロードのほぼ中央に位置するという好条件によって、ユーラシア大陸の交易の中心的役割を担います。プリニウスの『博物誌』によれば、ローマの元老たちが「お前たちのせいで、莫大な金が毎年インドへ流れていく…」と嘆くほどでした。クシャーン国の経済は、やがて絶頂を極め、カニシカ王の頃に莫大な富と権力を掌握《しょうあく》します。そのカニシカ王が理想と仰いだのが、偉大なる先人アショーカ王でした。

人種のるつぼにあって、莫大な富と大帝国を掌握するために何が必要か、カニシカ王は真剣に考えたはずです。するとインドには、神々の違いを乗り越え、ときに人間同士の差別や暴力に毅然と立ち向かった宗教があったのです。それがゴータマ・ブッダの教え、仏教です。富を得れば得るほど、空しさの中で人間はどうしたら救われるのか、そしてどうしたら言葉や民族の違いを越えて心を通わせることが出来るのか、クシャーンの人々はこうして誰もが救われる〝大きな乗り物〟を求めるようになりました。その大乗のうねりの嚆矢《こうし》が「般若経」でした。

一方、私たち現代もネット環境や交通の発達によって、世界が小さくかつ緊密に結ばれ、誰もが情報や交易の核となり得る時代になりました。それはある意味で、シルクロード交易の中心地クシャーン国にも通じる環境と言えるでしょう。事実、現代の宗教も否応なく新たな変革が求められています。だからこそ、「般若経」のように《我がために語りかけることば》が必要なのです。

◆謎と神秘の『般若心経』

ことばの鍵
「諸教を含蔵《がんぞう》せる陀羅尼《だらに》なり」（空海『般若心経秘鍵《ひけん》』）

私は時おり「『般若心経』の意味を知らずに読んでもいいのでしょうか」と質問を受けます。答えはイエスです。なぜなら弘法大師空海が説かれたように、『般若心経』はあらゆる仏の教えを総括する陀羅尼（本当のことば：真言）だからです。

たしかに『般若心経』はとても難解です。わずか二六二文字によって、まるで〝仏教総合事典〟のように熟語で網羅されているからです。しかも最後に文法的には不可解な真言で締めくくられていることも、謎めいた魅力のひとつになっています。

そこで私たちがはじめに注目したいのが、『般若心経』という題目です。その原題「プラジュニャー・パーラミター・フリダヤ・スートラ」によると、この経典は菩薩の「神聖な心臓《フリダヤ》」であると宣言されているのです。その点を空海は見逃さずに「心呪」と捉えました。まさに核心をついた大師の炯眼《けいがん》です。「フリダヤ」に関する研究には、「女性の菩薩の心臓であるマントラ（神呪・真言）を解き明かした経典」という指摘もあり、『般若心経』は膨大な「般若経」の〝単なる要約〟と解釈してはならないことだけは確かなのです。

今でも多くの出版本が「核心」「心髄」などと訳しています。もちろん間違いではありません。しかし空海は『般若心経』に強い呪術性があると見抜いたこと、その理解が極めて重要なのです。つまり『般若心経』には、「心臓の奥底に潜むアートマン（我）の光明《こうみょう》にして、禅定《ぜんじょう》にあって思惟している」（『ブリハッド・アーラニヤカ・ウパニシャド』4.3,7）とする古いインド思想からの信仰が秘められているのです。

このような謎と神秘に満ちた『般若心経』に挑むため、このたびは経文に登場する仏教語をサンスクリット語（中村、紀野『般若心経・金剛般若経』P186,187／岩波文庫より）と照らし合わせながら、その先にあるメッセージを読み解く鍵を一緒にお示ししようと思います。ときに読者にとって、既知の解釈とは異なる原意に沿った〝ニュアンス〟に気づいていただければ幸いです。

◆『般若心経』という祈り

ことばの鍵

「一切の生きとし生けるものは、幸いであれ」（『スッタニパータ』第一四七偈）

日本仏教の根幹をなすのは、大乗仏教です。紀元前後に興った大乗仏教は、「空」の思想を根本とする「般若経」から始まったと言っても過言ではありません。理由ははっきりしています。それは「一切が空である」という教えが、万人にとって開祖ゴータマ・ブッダと等しいさとりへの扉を開く鍵になったからです。

「空」の原語は「シューニャ（śūnya）」、つまり「ふくれあがったもの」です。もともと瓶や壺のように「中を欠いている状態」を意味する「空」は、すでに初期仏典『マッジマ・ニカーヤ』「小空経」の中でも登場しています。「諸行無常（すべてはうつろいゆくもの）」を観察するための理論的な原理でした。つまり当初の「空」は、瞑想における〝雑念や煩悩を空ずる〟ための根拠の役割を果たしていました。これを「諸法無我《しょほうむが》」とも言います。

やがて時代も国も遠ざかった紀元前後、「一切の生きとし生けるものは幸いであれ」とのブッダの願いは、「空」の旗印のもとでよみがえります。あらゆる先入観を取り除き、すべてのものは本質的に「空」と観る考え方は、悟りの可能性を万人にもたらすことになったのです。こうして大乗仏教の信奉者たちによって、「空」は禅定という実践から、いつしか菩薩行《ぼさつぎょう》という救済行為の根拠となり、結果として数多の「般若経」が生まれたのでした。おそらく難解な教義をわかりやすく説くためには、「小本系」が先行して成立したものと推測されます。むしろ『般若心経』のような簡潔なスタイルが原型だったのかも知れません。本格的なスタイルの「大本系」は、その後に増補する経緯で出現したものといわれています。

基本的に「般若経」では、「すべての人は、過去世においてすでにブッダと出会い、悟りも約束されているのだから、さあ、我らもブッダのようになると誓いを立てようではないか！」と力説しています。ブッダになる道、すなわち菩薩の道をともに歩もうと促す経典なのです。

こうして「すべての人間はすでに菩薩である」から、「やがてブッダとなるために読誦《どくじゅ》して讃《たた》えよう！」と考えるようになり、経典を崇拝すること自体が《ブッダとの対面》を意味するようになりました。このために、ブッダの聖遺骨を「生身舎利《しょうしんしゃり》（肉舎利）」と言ったのに対して、経文を「一一《いちいち》文々是真仏《もんもんこれしんぶつ》」と称して「法身舎利《ほっしんしゃり》（法舎利）」と仰ぎました。経文そのままがブッダの体と命なのです。

「般若経」の勧める「法身舎利」には、次の三原則があります。

一、「読誦」…教えをとなえよう

二、「書写」…教えを書き写そう

三、「弘法《ぐほう》」…教えをひろめよう

『般若心経』はこの善行の三原則に呼応し、限られた出家者のものではなく、日常生活を営む在家者にとって、誰にも実践可能な修行として、その期待に大きく応えるものになったのでした。

ではさっそく私たちも、この三原則にしたがって『般若心経』をじっくりと読み解いていきましょう。

◆【摩訶《まか》】（梵）mahā（発音）マハー

ことばの鍵

「仏法の大海《たいかい》は、信をもって能入《のうにゅう》と為《な》し、智をもって能度《のうど》と為す」

（『大智度論』大正蔵第二五巻六三頁）

〈意訳〉
仏の教えの大海原には、「信じる心」が無くては入れない。
さらに「智慧」という舟が無くては、渡ることができないのだ。

「摩訶」とはズバリ、大きいこと。ではいったい何が大きいというのでしょう。それは「摩訶」のすぐ次に来る言葉の「般若（＝智慧）」を形容します。ですから「大きい」といっても、けっして物のサイズのことではありません。「偉大である」という意味です。つまり仏の智慧が、あたかも大海原のように広がっている姿を指します。

たしかに海はひろびろとしています。しかしふり返ると、手のひらにすくい取った水も、あるいは葉先の一滴も、やがては海に帰り行く〝大海のかけら〟にほかなりません。ところが私たちは普段、見た目に囚われ、自分勝手な感覚に支配されて生活しています。本当の姿を深く理解することなく、大切なことを見過ごしているのです。そこで龍樹菩薩（二〜三世紀、インドの高僧）が、「般若経」を詳しく解説して『大智度論』にまとめ、教えてくれたのです。「仏法の大海に入るためには、まず〝信じること〟からはじまる」と。たしかに、なにも宗教に限らず、「信」はすべてに当てはまる前提です。どれほどすぐれた科学の知識があっても、それを信じる心がなければ、その人に身につくことも、生かされることも決してありません。信頼あってこその人間社会です。ですから、仏法とは摩訶なるものである（＝偉大である）と知るためには、まずもってそれを信じることから始めたいのです。

ところで空海によれば、「摩訶」については以下の解説が知られます。

「梵語でいう摩訶には、三つの意味がある。一つには時空において限りがないから大という。二つには数量が無尽であるから多大という。三つにはこれ以上に勝れたものがないから最上という」

（空海『大日経開題』）

ここから「摩訶」を読み解くと、仏の智慧には次の三つの意味が込められているのです。

一、偉大な教えであること

二、数多の人を救うこと

三、最上の教えとして勝れていること

こうして『般若心経』が、大乗仏教という民衆のための宗教であり、諸仏・諸菩薩を信仰するための言葉であることが明かされました。たとえ自らは救われなくても、まず他人を救うという実践者を「菩薩（ボディサットヴァ：bodhisattva→悟りを有する存在）と言います。しかしその菩薩という人間が「摩訶薩《まかさつ》（マハーサットヴァ：mahāsattva→摩訶という存在）」と讃えられていることに、とても重要な意味があるのです。

◆【般若波羅蜜多《はんにゃはらみった》】

（梵）prajñā-pāramitā

（発音）プラジュニャー　パーラミター

ことばの鍵

「般若波羅蜜は、これ諸仏の母なり」（『大智度論』大正蔵第二五巻三一四頁）

〈意訳〉

彼岸にいたる智慧こそ、あらゆる仏たちの母親である。

「般若」とは、これを意訳すれば「智慧《ちえ》」にほかなりません。しかし世の中には、悪賢い知恵、かたよった知恵、独りよがりの知恵というものもあります。そこで悟りから遠ざかる知恵と区別するために、正しい智慧だけを「般若」と音訳します。

つまり「般若」はサンスクリット語のプラジュニャーの俗語形、パーリ語ならばパンニャーと発音する言葉をそのまま漢字に写しとったものです。プラは「前方へ」といった意味を強める接頭辞、ジュニャーもしくはニャーは英語のノウ（know）と語源が通じていて「知ること」です。そこで「般若」はより原意に沿って「真相を見抜く智慧」、「ものごとを見通す智慧」などと訳されることが多いのです。

「波羅蜜多」には、「パーラン（かの岸辺に）＋イタ（到れしこと）」か、あるいは「パーラミ（かの岸辺に到れし）＋ター（状態）」かの、二訳があります。そこでこれらの意味をまとめて「完全なる智慧の完成」とも訳されます。つまり仏教の根本大道です。

ブッダは、人間の心と世の中を深く観察された結果、「すべては縁《よ》りて生起《しょうき》するものだ」という縁起の法を見極めました。それが正法（正しい教え）であり、正法を知ることが智慧です。したがって智慧とは、天上から舞い降りてきたり、他人から譲ってもらうものではありません。また特別な人間だけが持ち合わせているものでもありません。すべての人間には智慧に目覚める可能性があり、他でもない人間が仏となるのです。智慧に目覚めた仏とは、人間としての最高のあり方を指すのです。

では、闇夜のような昏迷に沈む人間が、どのようにして仏になれるのでしょうか。それは今受けている生死《しょうじ》の身に、「般若」と呼ばれる普遍的な智慧が見出されることによるのです。そのことを「般若波羅蜜は諸仏の母なり」と称するのです。

あるとき、シャーリープトラ（舎利子）がブッダに尋ねました。

「尊い般若波羅蜜という智慧は、どのように礼拝して供養したらよいのでしょうか」するとブッダは答えられました。

「それはまさに私を礼拝するように行いなさい。私は般若波羅蜜に異ならず、般若波羅蜜は私に異ならないのである」（『大本般若経』四〇品より意訳）

この「般若経」にある逸話は、かつて初期仏典において説かれた法の説示を強く想起させます。重病のために修行がかなわなかったヴァッカリ尊者を心配され、ブッダが直々に見舞われたときの逸話です。

「尊きブッダよ。長い間、お目にかかるために出かけたいと思っていましたが、私の身体には、はやその体力はありません……」

「ヴァッカリよ。ダルマ（法）を見る者は、わたし（＝ブッダ）を見ているのだよ。わたしを見る者は、ダルマ（法）を見ているのだから〔安心なさい〕」（『サンユッタ・ニカーヤ』「ヴァッカリ経」）

こうして「般若波羅蜜」という「ものごとを見通す智慧」を礼拝するならば、時空を越えて誰でもゴータマ・ブッダと同じ仏に出会うことが出来るのだ、という宣言が見出されるのです。したがって彼岸の智慧とは、仏たちを世に生み出す母親にほかならないのです。

第二話　心のスートラであること

◆【心《しん》】（梵）hṛdaya（発音）フリダヤ

ことばの鍵

「それ仏法はるかにあらず、心中《しんじゅう》にしてすなわち近し。真如外《しんにょほか》にあらず、身を棄てていずくにか求めん」（空海『般若心経秘鍵』）

〈意訳〉

仏のさとった真理（法）は、決してはるか遠くにあるのではない。一人ひとりの心の中にあり、きわめて身近にあるものなのだ。同じようにさとりの真実（真如）も、どこかよそにはなく、自己の心にあるものだ。わが身を放っておいて、いったいどこへ求めようとするのか。〔自己より外に求めても得られない〕

『般若心経』は、〝般若の心のお経〟です。ここでの「心」の原語は「フリダヤ」、つまり心臓です。それでは「心臓のお経」と題することに、どのような意味があるのでしょうか？　ヒントは冒頭の〈ことばの鍵〉です。また私たちが日常、「胸に手を当てて考える」という表現からもうかがい知ることができます。

おそらく「大般若経」をご存じであれば、「それは般若の智慧をまとめた〝心髄〟という意味だよ」とおっしゃるでしょう。たしかに「フリダヤ」はエッセンスの意味として、「精髄」「精要」とも訳されます。ただ、あえて私はそれだけでは「心経」という経題をすべて理解したことにはならないと申し上げたいのです。そう、心臓に心が宿るというニュアンス、心臓でものごとを考えるという感性を知らなければ、「心経」の本質に迫ることは出来ないということです。

漢訳仏典において最頻出と言っていい仏教語、それが「心」です。「心」のサンスクリット語は大きく分けて次の四つです。

①「チッタ」
②「マナス（マノー）」
③「ヴィジュニャーナ（ヴィジュニャプティ）」
④「フリダヤ」

初期仏教では、名称こそ異なってはいるものの、実はほぼ同じものを指していました。しかしそれが大乗仏教の時代になると、それぞれを使い分けるようになります。後述するように、①から③まではおおむね「心理的な働き」を指す言葉として使われます。ところが同じ「心」でも、④「フリダヤ」だけが例外的に臓物の「心臓」を指すのです。

したがって『般若心経』の「心」は、当然「チッタ」や「マナス」の意味には当たりません。ところが、歴史的には原語を凌駕《りょうが》して玄奘三蔵《げんじょうさんぞう》による漢訳経典が、中国や日本では圧倒的に支持されてきた事情のために、「フリダヤ（心臓）」を「チッタ（こころ）」として解釈する伝統が成立し、受け継がれてきたのです。

ある意味でこの流れは、インド仏教への原点回帰と言えるものです。仏教以前の古い思想にしたがえば、魂は心臓に宿り、喜怒哀楽の心理作用は心臓から生まれるものだったからです。だからこそ「般若のこころ」とも称されるのです。禅宗では、あえて「般若心」と語釈した祖師もありました。これは語学的には間違いかも知れませんが、あくまでも祖師方の禅体験から生まれた読み方ですから、これも立派な解釈なのです。

空海の言葉に見るように、「般若心」と解釈する背景には、「心とは何か」という疑問こそが仏教最大のテーマであるというメッセージがあります。なぜならば、心がその人を突き動かし、心がその人の見聞する世界のすべてを映し出すからです。

かつて文化人類学者のレヴィ＝ストロースは、ある人物が「この世界のすべて」と言った場合、西洋的な発想からは実際の時間と空間の広がりに意識が向けられる〝遠心力〟が働くのに対して、仏教をはじめとする東洋的な発想からは、内面の追求へ意識が向けられる〝求心力〟が強く働くと指摘されました。これは冒頭の〈ことばの鍵〉に示したように、まさに正鵠《せいこく》を射た表現と言えます。それほど人間にとって内なる世界の観察は、それ自体、この外なる世界全体を捉える意味にほかならないのです。

◆「心」の類義語と「フリダヤ」

そこであらためて①「チッタ」から「心」の原語を見てみましょう。この言葉は「積み重なる」の意味の動詞「チィ」が名詞になったものです。さまざまな情報の集積が「チッタ」です。私たちが、いわゆる〝こころ〟と言う場合に近い意味ですね。

②の「マナス」というのは、「考える」とか「イメージする」という動詞の「マン」が名詞になったもの。これは単なる心理の動きに加え、自分の考えや期待が欲求となって影響するものです。そこで唯識派では「汚れたマナス」と評価します。

③の「ヴィジュニャーナ」は、分割を意味する「ヴィ」に、知るという動詞「ジュニャー（ニャー）」がくっついた言葉です。分けて知ること、つまり分別する心を言います。具体的には「見る」「聞く」「嗅ぐ」「味わう」「触れる」「思う」の六つの認識を指します。

これらの類義語に対して、「心経」の「心」は「フリダヤ（心臓）」が原語。そのために「核心」、

「精髄」、「心髄」と訳され、経典名は「般若の智慧の核心（心髄）を説くお経」と口語訳されました。古くから全六百巻、総字数約五百万字の膨大な『大般若経』の最も大事な要語を二六二文字にまとめたものが『般若心経』とも称されたため、『大般若経』の「核心」という解釈で「フリダヤ」が使われたのだという訳ですが、これは一面の解釈に過ぎないというのが私見です。

「心臓に潜むアートマンが、禅定《ぜんじょう》にあって思惟する」というウパニシャド思想が受け継がれていることを物語る経典、それがもう一つの側面なのです。

さらにもうひとつ、これから登場する本文では、「チッタ」、「マナス」、さらには「ヴィジュニャーナ（ヴィジュニャプティ）」のしくみが順次説示されていくことに深く関係があります。つまり『般若心経』は、「心のしくみ」がどうなっているのかを説き明かす経典でもあります。その意味で「核心」というだけでなく、これから説き明かそうとする本文について、内容を予告する意図からも「心経」と題されていると考えられます。

◆心臓を差し出そうとしたサンキッチャ

今からおよそ二千五百年前、サーヴァッティーという街に長者のひとり娘がいました。彼女は結婚してすぐに重病にかかり、子どもを胎内に宿したまま亡くなってしまいました。

人々は悲しみ、彼女の亡骸《なきがら》を火葬に付します。ところがなぜか亡骸の腹部だけが焼け残っていました。人々は不思議そうに棒で突くと、何とその中に胎児がまだ生きていたのです。このとき棒で眼球を突いてしまったために、目を傷つけてしまいましたが、それでも赤子は元気に笑っていました。人々は気味悪がって、この子に灰をかけて逃げてしまいました。

翌朝のこと、薪の上に黄金に輝く赤子がすやすやと寝ているのが発見されました。見つけた村人が驚いて、赤子を連れ帰るとすぐに占い師に相談しました。すると、

「この子は普通の子ではない。人々を導く聖者となるだろう」

と予言したのでした。そこで人々は赤子に「目の傷ついた者」という意味のサンキッチャと名付け、大切に育てました。

さて七歳になったサンキッチャは、遊び友だちから自分の出生の秘密を知らされ、深く考えるようになりました。

「私は炎の中から奇跡的に救われたのだから、出家してさとりを求め、人々のために尽くす人生を送ろう」

こう考えたサンキッチャは、仏弟子として高名なサーリプッタ（舎利子）のもとへ赴き、出家を申し出ました。サーリプッタはこの願いを認め、自分の弟子としてすぐに剃髪《ていはつ》したところ、その瞬間、彼はたちまち阿羅漢という聖者の位に到達したのでした。

さてその頃、ブッダの弟子三十人から、危険な森の中で禅定を修行したいとの願い出がありました。ブッダはサーリプッタのもとで出家したサンキッチャのことを知ると、彼を一緒に連れて行か

せるように命じました。弟子たちは、こんな子ども連れでは修行の妨げになるのではと心配します。するとブッダは、

「何を言う。サンキッチャは修行の妨げどころか、お前たちが彼の妨げとなるであろう」と忠告します。そこで弟子たちは、彼を一緒に連れて行くことにしました。

こうして目的の森へやって来ると、心配していた通り、たちまち五百人の盗賊団に見つかってしまいます。盗賊たちはその森に住み、自分たちの神様に心臓や生き血を捧げる恐ろしい信仰をもった集団でした。盗賊の頭が「お前たちの中から一人を犠牲に差し出せ！」と迫ります。すると「それでは私が犠牲となりましょう」と、最長老の僧が名乗り出ました。これを聞いて三十人の弟子たちが次々に「いいえ、私こそ」と申し出ました。

この様子を見てサンキッチャは、

「長老さまがた、私こそ犠牲に相応しいのです」と申し出たのです。

「いや、お前はいかん！　サーリプッタ長老の大事なお弟子さんだ。それにお前のような子どもを行かせるわけにはいかない」と言ってさえぎろうとすると、

「私にはわかるのです！　ブッダが私をお供に連れて行くように命じられたのは、このためだったのです」

こう言って、彼は一人で盗賊たちの前に歩み出ました。

彼らはさっそく生け贄の祭壇を設け、準備をととのえます。そして盗賊の頭が大きな刀をぎらつ

かせ、サンキッチャを待ち受けました。サンキッチャは盗賊たちの正面で堂々と足を組み、目を閉じて深い禅定に入りました。「ようし！」とばかりに盗賊は刀を振り下ろして、サンキッチャの肩をめがけて切りつけます。するとどうでしょう！　なぜか刀は折れて、体には傷ひとつつかなかったのです。気を取り直して「おのれ！」と再び襲いかかる盗賊でしたが、今度は突然、大きな地響きとともに雷が落ちました。ついに盗賊たちは、サンキッチャの前にへなへなとひれ伏してしまいました。

「きっとこれは神々があなた様の徳の高さを教えてくださっているのでしょう。それにしても我らの姿を見ると誰もが震え上がるのに、なぜかあなた様はカニカーラの美しい花のように、清々しいお顔をしておられます。どうしてでしょうか？」

こう尋ねる盗賊に、サンキッチャは答えました。

「欲望を離れた者にとって、もはや苦しむことは何もない。心の執着を取り除けば、この世のすべての恐怖を乗り越えて行けるからだ……」

この言葉に感銘した五百人の盗賊団は、その場で直ぐさま七歳の少年聖者サンキッチャの弟子となったということです。

このような逸話はほんの一部です。ブッダの在世当時、ブッダと仏弟子たちの説く仏教は、古くからの宗教的伝統であった価値観を次々に覆《くつがえ》していきます。それは従来、心臓や肉体については、供物のように〝形あるもの〟としての尊さを崇めていた宗教もありましたが、仏教は勇気と優しさを生み出す"無執着の心"こそ尊い存在であるという意味を教えてくれるものだったのです。

◆【経《ぎょう(きょう)》】(梵) sūtra (発音) スートラ

ことばの鍵

「しるべし、愛語は愛心よりおこる、愛心は慈心を種子とせり。愛語よく廻天のちからあることを学すべきなり、たゞ能を賞するのみにあらず。」

(道元『正法眼蔵』菩提薩埵四摂法《ぼだいさったししょうぼう》)

〈意訳〉

よく知るべきです。慈愛に満ちた言葉は愛心から起こるもの、愛心はいつくしみとあわれみの心を種子として生まれるものである。

その昔、天子の絶対的な命令を家臣が愛語をもって天子に進言し、ついにその命令を変えさせたという故事があるが、愛語にはこのような天下を一変させるほどの力があるという事実を学ぶべきである。また、ただ相手の能力を誉めるだけが愛語ではないことも知るべきである。

「はじめに言葉ありき」という言われ方もあるように、宗教にとって言葉は生命線です。仏教における言葉は、いわゆる「お経」にまとめられています。お経の言葉は、直接的にも間接的にもブッダのみ教えを記したものです。『般若心経』もブッダの滅後、数百年経過してから成立したお経ですから、直説的にはブッダの言葉とはいえません。しかしときに「仏説」と冠するように、これはあくまでも開祖ブッダの言葉なのだという立場をとっています。なぜでしょう。

それは道元禅師の言葉にもあるように、ブッダの言葉は、ひろく人類へ向けられた慈愛の心から生まれたものだからです。人はなぜ苦しまなければならないのか、どうしたら人は苦しみを乗り越えられるのか、こうした現実に苦悩する普遍的な問題を正面から考え、ひとつの答えを導き出した言葉がお経です。こうした言葉が芽を出して生まれるためには、その中に慈愛の種子が含まれているものです。だからこそ見逃してはならないのが、万人を念《おも》う慈愛の心から生まれた言葉であるがゆえに、お経の言葉は人類の価値観を一変させる（廻天）インパクト（力）があるのです。『般若心経』にはそれほどの力があるということです。

◆「経」とは何か？

ところで原語のスートラについてですが、その意味を求めれば「たて糸」です。糸へんに直線を意味する巠、それで「經（経）」です。

なぜ「たて糸」なのでしょうか。それは元来、ブッダの言葉をターラ樹（ヤシの一種）の葉に釘のような金具で傷を付けて文字を刻み、その文字が浮き出て読めるように油を塗りつけていました。ちなみにお便りの「葉書」はこれに由来します。

ターラの葉には厚みがありますから、表と裏の両面に文字を刻みます。こうして幾重にも葉を重ね、縦に穴を貫いて糸を通してリングにまとめます。これがスートラです。ちょうど一本の糸に野の花々を通して首飾りにするように、ブッダの金言や要語を集めたものを糸で連ねて作ったのです。実際、お経の中には「華厳経《けごんきょう》」や「荘厳経《しょうごん》」といった名称があるのは、スートラの姿からもイメージされているわけです。

また厳密な意味で「経（スートラ）」と言えば、当初ブッダが直に説示した言葉、「法（ダルマ）」のみを指しました。しかし時代が下ると、生活の規則を定めた「律（ヴィナヤ）」と、法の解説書である「論（アビダルマ）」までも「お経」と呼ぶようになります。さらに「経（法）」「律」「論」は、それぞれカテゴリー別に容器（蔵）に分けて保管されたため、これら三つを「三蔵《さんぞう》」と言いました。

つまり現代では、「お経」と言えば三蔵すべてを指すことが多く、さらに中国や日本では、大切な書物であれば「○○経」と呼ぶ習慣まで生まれました。たとえば「茶経」という書物がありますが、これは仏教には何の関係もありません。「茶に関する大切な教え」というほどの意味です。

◆「経」が生まれた意外なきっかけ

今日まで伝えられるお経は、何回もの結集《けつじゅう》によって編集され、整備されてきたものです。仏弟子たちが集まって仏説をまとめる会議を「結集」と呼びます。その第一回の結集は、ブッダの滅後間もない頃でしたが、これは実に偶然のハプニングから生まれたものでした。

齢八十を迎えられ、もはや臨終が近づいているのではないかと身を案じていた長老マハーカッサパ(摩訶迦葉《まかかしょう》)は、ブッダの後を追いかけて、南国のマガダから五百人の比丘を伴い、北へ向けた旅を急いでいました。ブッダの信任が厚かったサーリプッタ(舎利子《しゃりし》)とモッガラーナ(目犍連《もっけんれん》)は、その前年に相次いで世を去り、ブッダも日頃から疲れたご様子を見せていました。もはや二大弟子を失った教団にとって、ブッダより年長のマハーカッサパは、もっとも信頼がおける長老だったのです。

ブッダの身の上を心配しながら、マハーカッサパはパーヴァー村に到着しました。するとその時、北方からひとりのバラモン僧が、花を手にしてトボトボと歩いてきました。悪い予感がしたマハーカッサパは、「ブッダの消息をご存知ないか?」と尋ねます。するとこのバラモン僧は、「はい、ゴータマはすでに一週間前に亡くなりました。私はブッダの遺骸に供えてあった花を分けてもらって来たのです」と言いました。

「ああ、何としたことか! あの偉大な沙門ブッダがお亡くなりになったとは……」

ブッダの訃報に誰もが嘆き、みな大いに悲しみました。すでに阿羅漢に到達した弟子は、諸行無常の道理によってじっと悲しみをこらえ、また悟りに達していない弟子は、子どもが泣きじゃくるように大地に伏し、あるいは転げ回って悲泣《ひきゅう》しました。

するとこの様子を見ていたスバッダという名の晩年僧（年配になって出家した僧）が、こう言い放ったのです。

「何も嘆き悲しむことはないぞ。あの口やかましい大沙門（ブッダ）は、いつもこれをしろ、これはしてはいけないと言って我らを厳しく束縛していたではないか。でももう自由なのだ。思い通りのふるまいが出来るのだから、悲しむどころか、むしろ喜ばしいではないか！」

このおぞましい言葉を耳にしたマハーカッサパは、もしこのような破廉恥な悪僧がはびこるようになったら、どれほど正しいブッダの教えもすぐに滅びてしまうだろうと直感します。ここはひとつ記憶が正しい間に、自分たちでお経として言葉として確認し、伝えなければなるまい、と決意します。これが最初の結集を開催するきっかけとなりました。

今や八万四千の法門と言われるほど、仏教は時代を超えて膨大な経典を生み出すことになりました。そのひとつの代表が『般若心経』です。もしスバッダのような悪僧がいなかったなら、教えをひたすら言語化するという仏教の特性は生まれなかったのかも知れません。本当に世の中は何が災いし、何が幸いするかは分からないものですね。

第三話　観音と『般若心経』

◆**【観自在《かんじざい》】**（梵）Avalokiteśvaro（発音）アヴァローキテーシュヴァロ

ことばの鍵

「ブッダの勝利は破れることがない。この世においては、誰もかれの勝利に到達する者はいない。ブッダの境地は、果てしなく広大である。すべてに自由自在に力を発揮する彼を、いったいどのような方法で誘惑し得るであろうか？」（『ダンマパダ』第一七九偈）

いよいよ『般若心経』の本文に入ります。サンスクリット語の諸本では「聖なる」と冠するものと無いものがありますが、すべてはこの菩薩の名前から始まります。

「観自在」という名の菩薩、それはこの世のすべてを自由自在に見通すことができるお方です。「アヴァローキタ」とは「観察すること」、「イーシュヴァラ」とは「自在な力を持っていること」の意味で、その二語が合成して「アヴァローキテーシュヴァラ（ロ）」となりました。唐代の玄奘《げんじょう》はそのように解釈して、「観自在」と名づけたのです。

唐の時代に活躍した玄奘は、名だたる経典をインドから招来し、その膨大な漢訳を成し遂げたために、特別に三蔵法師とも称えられます。歴史上、彼の訳が「新訳《しんやく》」と言われるのは、そのためです。それにしても、すでに千二百年あまり以前の翻訳にもかかわらず、「新訳」と評され続けているのは、凄いことですね。それ以降、彼を超える訳者が出現していないということですから。

ただし、その玄奘による漢訳を新訳と呼ぶのには、もうひとつの理由がありました。それは玄奘以前、すでに秀でた漢訳があったからです。四〜五世紀に活躍した鳩摩羅什《くまらじゅう》（クマーラジーヴァ）によるものです。

中央アジアの亀茲国《きじこく》出身の羅什は、大乗仏典の代表であるあの「法華経」を『妙法蓮華経』と訳した高僧です。流麗さと正確無比な仏教理解で知られた羅什訳は、玄奘が世に出るまでは別格なものでした。そこで玄奘の出現以降は、羅什訳を「旧訳《くやく》」と呼んで区別するようになったのです。

ところでその羅什による旧訳では、この菩薩の名前を「観世音《かんぜおん》菩薩」としています。なぜでしょうか？

それは古い西北インドの方言では、当時この菩薩の名を「アヴァローキタスヴァラ（ロ）」としていた痕跡があることから、その理由がうかがえます。この名の「スヴァラ（ロ）」は、「声」や「音」という意味と、「念」という意味の両方を持っているため、「声を見る（聞きとる）者」と、「念を見る（感じとる）者」という二つの解釈が生まれたのです。あの観音経にある「念彼観音力《ねんぴかんのんりき》」の「念」は、まさにその語釈に由来するものです。

また竺法護《じくほうご》（三〜四世紀）の『正法華経《しょうほけきょう》』によれば、この語は「光世音《こうぜおん》」と訳されています。「アーヴァー」を「光」、ローキタを「世間の」と解釈して、「世間の声を光《てら》す」菩薩と見たわけです。さらにこれらの派生形として、「観世自在」とする語もあります。

◆自在天信仰と『般若心経』

このように、『般若心経』の冒頭の「観自在」については、いずれも仏教の立場を高らかに宣言する言葉として理解されます。つまり私たち凡夫にとって、仏の教えはどのように向き合ってくれているのか、それをはっきりと示している語なのです。そして、始まりは「観音」であった「アヴァローキテーシュヴァラ」という語が、なぜ「観自在」と変わっていったのか、その理由も言葉の中に見出されます。

もともと「イーシュヴァラ（ロ）」とは、バラモン教の神、ヒンズー教の神における最高神シヴァのことです。仏教でもこの神を偉大な（マハー）と冠して「大自在天」とか「自在天」と仰いできました。実際、曹洞宗や臨済宗でも、日々読経することで知られる『大悲心陀羅尼《だいひしんだらに》』は、その影響を色濃く残している一面があります。

それでは『般若心経』は、インドの最高神を仰ぐ伝統を復活させたものなのでしょうか。その答えは、ノーです。なぜならば、神の存在が自在であると信じるのではなく、ブッダの教えがすべての迷いを打ち破る、という意味で「自在」だからです。

実はその自在力をわかりやすく知るポイントが、〈ことばの鍵〉に挙げた『ダンマパダ』の言葉なのです。

①世間のすべてを自在に知る一切智者
②世間のすべてを自在に観る救済者
③世間のすべてを自在に超越する勝利者

これが仏教の開祖ゴータマ・ブッダに対して世間の求める理想の三要素であり、「観自在」の三つの内容です。仏の智慧によってすべてを知り、すべてを見通し、すべてに勝つのです。そして、その智慧こそが般若です。

このように般若は、唯一絶対の〝存在〟なのではなく、誰の心にも〝見い出され得る智慧〟という点で、シヴァへの自在天信仰とは大きく異なるのです。

◆「観自在」とは誰か

それでは観自在、つまり観音さまとはいったいどのような方なのでしょうか。それは誰にもわかりません。なぜなら観音さまの得意技が変身（変化身《へんげしん》）だからです。私たちの苦しみや願いに応じて、ときに三十三の姿に身を変えて、自在にあらわれますから、自分の周囲にいつ、どのようにあらわれるのか、知るよしもないのです。

ここではそのヒントのために、「観自在」にまつわる昔話をお話ししましょう。

昔、信濃国の筑摩山地に、どんな病気やケガにもよく効くと評判の温泉がありました。そのため近隣はもちろん、はるか遠くからも大勢の人々が集まるほど栄えていました。

ある夜のこと、そこに住むひとりの男が、まことに不思議な夢を見たのです。夢の中に美しい観音さまがあらわれ、やさしく男に語りかけたのです。

「この筑摩の湯は、とてもありがたい温泉だと聞いている。私もぜひ入ってみたいものだ。そうだ、あすの昼過ぎにそこへ出かけることにしよう」

驚いた男は尋ねました。

「それで観音さま、いったいどのようなお姿でおいでになるのですか？」

観音さまは静かに微笑んで、こう答えました。

「うむ、馬に乗った侍《さむらい》姿で、年のころなら三十ばかり。笠をかぶって黒ひげをのばし、弓矢を背負っていることであろう……」

さあ、大変なことになりました。翌朝になると、正直者の男は夢でお告げのあった通りに近所にふれ回ったのです。観音さまが温泉にやって来るとのうわさが、たちまちあたりに広まりました。

「観音さまが、お侍の姿で温泉にお越しになるそうだ！」

「ああ、なんとありがたい！　南無、南無……」

あっという間に小さな温泉の里は黒山の人だかりになりました。道の両脇は、大勢の人たちでひしめき合い、今か今かとそのときを待っていました。

やがて約束の昼過ぎになりました。するとあの夢のお告げの通り、馬に乗った侍がゆっくりとやって来るではありませんか！

「おお、観音さまがやって来たぞ！」

「ありがたや、ありがたや……」

人々は手をすりあわせ、ひれ伏してただただ拝み出しました。驚いたのは何も知らない侍です。

「これはいったいどうしたことか？」

「ああ、観音さまがお声をかけてくださった！　もったいない、もったいない……」

「違うのだ。どうしてわしを拝むのじゃ！　そのわけを教えてくれ」

「長生きするものじゃ。ありがたや、ありがたや……」

誰に尋ねても拝まれるばかり。すっかり困った侍は、人々の中にひとりの僧侶を見つけると、馬から下りて必死に頼みました。

「お願いだ、これはどういうわけなのだ！」

「え？　あなたは観音さまなのでございましょう？」

「このわしが観音だと？　わっはっは！　何を言う。わしはただの狩り好きの侍だ！　今日は狩りの折に落馬して右腕にケガを負ったのだ。それで薬湯で名高いこの温泉に治療するために来ただけなのだ。観音どころか殺生をしてきたばかりなのだぞ」

「今さらそうおっしゃられても……。実は昨夜に観音さまの不思議な夢を見た者がおりまして……」

こうして侍は、ようやく僧侶から、ことのいきさつを聞き出すことが出来ました。侍は、なるほどそういうことだったのかとうなずくと、伏して拝んでいる人たちに向かって、大声で叫びました。

「わしは決して観音などではないぞ！　ケガを治すために来た侍だ」

侍は必死に説明しましたが、もう誰もその言葉を聞いてはいません。ただただ喜んでひれ伏すばかり。涙を流して感激する者さえいました。すっかり困り果てた侍は、開き直るように覚悟を決めました。

「い、いかにも、わしは観音であ～る！　その信心を大切に暮らすがよいぞ！」

うやうやしくこのように言い放つと、侍は慌てて馬にまたがって、ふり返ることなく駆け出してしまいました。

やがて村はずれまで来た侍は、ふと空を見上げて何かを思い込んでいたかと思うと、きっぱりと弓矢や刀を捨ててしまいました。するとそのまま比叡山に登り、横川《よかわ》にあるお寺へと向かったのです。そして頭をきれいに剃って、そのまま出家してしまったのでした。

その後、覚朝僧都《そうず》の弟子として何年も厳しい修行を積んだ侍は、やがて多くの人々から拝まれる立派な僧侶となりました。こうして人々に安らぎを施す修行の日々を送った彼は、いつしか世間から「生きた馬頭観音さま」と呼ばれるようになりました。（『宇治拾遺物語』巻第六より口語訳）

◆【菩薩《ぼさつ》】（梵）bodhisattvo（発音）ボーディサットヴォ

ことばの鍵

「ブッダの説かせたもうところは、枝葉脱落し、樹皮も脱落してただ心材《しんざい》においてのみ確立せり」

（中部経典『アッギ・バッチャゴータ・スッタンタ』）

さて、昔話はいかがだったでしょうか。

先の「観自在」に続く言葉は「菩薩」です。「菩薩」とは、「菩提薩埵《ぼだいさった》（bodhisattva）」を簡略にした言葉です。「菩提（ボーディ）」は「覚り」、「薩埵（サットヴァ）」は「有ること」が直訳ですが、ひろく「生命あるもの」の総称として「生きとし生けるもの」と解されます。ちなみに「薩埵」は、「衆生」とか「有情《うじょう》」と漢訳される語です。情《じょう》は命の意味ですから、〝情が有る者〟で「有情」です。

このように言葉からは、「覚りを求めて生きる者」が菩提薩埵、つまり菩薩なわけです。それゆえ、もともとはブッダが成道される三五歳以前の姿を菩薩と呼んでいました。しかし大乗仏教の時代になると、「一切衆生、悉有仏性《しつうぶっしょう》（すべての生きとし生けるものは、仏となるべき性質や能力としての仏性を具えている）」と考えるようになったのです。その結果、覚りを求める者であれば、すべての存在がブッダと同様に「菩薩」であるとしたのです。

ちなみに大乗仏教では、すべての人々は仏性を具えていることによって自覚される心を「菩提心」と言います。「菩提心」とは「覚りを求める心」ですが、これには自分が覚りたい心と、さらに他者を覚らせたいと願う心の両方が含まれます。そこで菩薩のいだく「菩提心」は「自覚・覚他《かくた》」と評されるのです。

それでは「覚りたい心」「覚らせたい心」とは、いったい何でしょうか？　それを見つけることが、仏教最大のテーマと言えそうですね。私も仏教を学び始めて、いろいろなことを諸先生から教えていただきましたが、ときに複雑多岐にわたる教義や言説にふりまわされ、そもそも何を目指して努力しているのかがわからなくなるときがあります。そんなとき、ふと脳裏をよぎるのが、前頁の〈ことばの鍵〉に挙げた、バッチャゴータと名乗る仏弟子の告白なのです。

その昔、ブッダ在世のころ、バッチャゴータと名乗る優秀な学者が、ブッダを訪ねてやって来ました。目的は、日ごろから疑問に思っていたことを直接尋問するためです。ブッダの教える世界観や人生観とは何か。あるいは解脱《げだつ》して涅槃に至るにはどうすればよいのか。彼は悩んでいたのです。

ブッダはそれらの質問に対して、次々に答えていきます。ところが当初、彼はブッダの説くところをなかなか容易には理解出来ませんでした。

「ああ、どうしたらよいのか！　私にはまるでわからないぞ……」

多くの質問をしたために、かえって彼自身の頭の中を複雑にしてしまったのです。この様子をご覧になっていたブッダは、より丁寧にやさしく彼に語りかけました。すると、どうでしょう。ブッダのお説きになった教えの内容は、実はまことに明快で簡潔であったことに彼は気づきます。

一見して仏教の教えは難解なようにも思えますが、実のところ、「人はどうしたら幸せに生きられるのか」ということだったのです。自分や周囲の人が幸福な人生を送ることができる生き方を説いているだけだったのです。それが仏教であり、そうした生き方を送る人を「菩薩」と呼ぶのです。深く納得したバッチャゴータは、ブッダの素晴らしさを称えて、こう告白します。

「ブッダよ。まことに大いなる沙羅《さら》の樹の、葉が落ち、枝が落ち、樹皮も脱落して、ただ心材（材木の堅い中心部分）のみが残って立っているかのように、まさにブッダの説かせたもうところは、枝も葉も皮も落とされて、ただ心材においてのみ確立しているではないか！」

こうして外道の修行者であった彼は、その後の人生を仏弟子として菩薩道に励むことになります。

季節が移り変わり、木々の姿も次々に変わっていく様子を眺めていますと、ふと私の脳裏をよぎるのが、このバッチャゴータの言葉です。夏には青々と茂っていた大木も、秋には葉が色づき、冬にはすっかり落葉します。それと同じように、実のところ、菩薩の目指すところは、余分な部分をそぎ落としてしまえば、まるで大木の幹のように単純にして明快な教えだけになります。

人間は往々にして知恵を巡らせるだけ、自分たち自身の生活や思考を複雑にする傾向があります。しかしその反面、あたかも高次方程式を因数分解するように、複雑なものを簡略にする努力も怠らないものです。自己の心への向き合い方にも同じことが言えます。いろいろな悩みが絡み合い、複雑な疑問がいくつも湧き起こると、一見して解決など遠いことと諦めてしまいそうになりますが、それらが徐々にととのえられてゆくこともまた、人間の深い学びなのです。学びとは決して新しい知識を取り込むことだけではありません。むしろ削《そ》ぎ落としてこそ、本当の智慧なのです。菩薩道の目的とは、まさにそのようにリファインされた〝ブッダの精髄（フリダヤ）〟なのです。

◆「菩薩」の道を生きる

今から四年ほど前、テレビ朝日系で放送された「ぶっちゃけ寺」という番組でお世話になっていたときのことです。当時、全国の大仏さまを紹介しようという企画があり、我らぶっちゃけ寺のメンバーは、それぞれの興味ある大仏さまのロケ収録に出かけました。

全国には実にさまざまな大仏さまがあります。奈良の大仏のように天皇の勅願によるものや、会社の社長が全財産を投げうって建立《こんりゅう》したもの、あるいは僧侶が浄財を募って開眼《かいげん》させたものなど、その由来も多岐にわたります。その中にあって、福島県相馬市の大仏さま、通称「百尺観音」は、私にとって特別でした。

あの東日本大震災以降、相馬のことが心配であったことも理由のひとつですが、実はその大仏さまが、たった一人の人間による手作りだったからです。

ときは昭和六年、ある日の未明のこと。相馬に住む荒嘉明《あらよしあき》さんという方の枕元に、観音菩薩があらわれたというのです。観音菩薩は、「どうか私を岩山から彫り出してほしい」と荒さんにお願いすると、たちまち消え去ってしまいました。

そのことがあってからというもの、荒さんは観音さまの夢のお告げが忘れられず、ついに一念発起して大仏を建立しようとの誓いを立てて、近くの岩山を独力で切り開いたのでした。

時代は昭和の初期のことです。資金もありませんし、協力者がいるわけでもなく、また道具や機械なども満足にあろうはずもありません。しかし荒さんは、たった一人で壮大な挑戦を始めたのです。雨の日も風の日も、あるいは夏の暑い日差しの下で、冬の雪が吹雪《ふぶ》く中で、彼はノミと槌《つち》を手にして、心には観音菩薩の名号を唱えながら、ひたすら荒さんは彫り続けました。

完成すれば百尺、つまり三十三メートルの大仏です。あの奈良の大仏が十五メートル、鎌倉の大仏が十二メートルほどですから、どれだけ大きな大仏造りなのか、お分かりいただけるでしょうか。

ときに世間から、冷たい目線が向けられることもあったようです。しかし本人はそんなことはお構いなし。自らの信念を貫いて三十有余年、力尽きて亡くなられる昭和三十八年まで彫り続けました。物語はまだまだ続きます。未完成に終わった父の大仏建立を二代目の保彦さんが受け継いだのでした。こうして保彦さんも日々彫り続けますが、その十五年後、五十代の半ばにしてついに完成を見ることなく亡くなられます。ところがその後、祖父と父の立派な生涯を見続けていた嘉道さんが、三代目として遺志を受け継ぎ平成を迎えました。

その嘉道さんも未完のまま亡くなられて、今は四代目の陽之輔さんが彫り続けているというのです。ロケに訪れたその日はとても晴天で、四代目が笑顔で迎えてくださいました。すぐそばには、ベビーカーにかわいい赤ちゃんが笑っています。五代目になる坊やでしょうか。とてもご機嫌でした。そして初代の日記などを拝見し、さっそく百尺観音に『般若心経』を唱えてお参りです。すると何やら背後に気配がしたのでした。振り向くと、そこには地元の皆さんが一緒になって拝んでいる姿がありました。作業服の男性、農作業の帰りの女性、熟年のご夫婦……。みなさんがひたすら手を合わせていました。

百尺観音の視線の先には、福島第一原発があります。そこで私は瞬間に気づいたのです。この大仏さまは、今や地元の復興の力になっているのだと……。

昭和六年、夢枕に立った観音菩薩はいったい何を言いたかったのでしょうか。それは私たち人間には及びもつかないことですが、ただこれだけは言えます。時代を超えて観音菩薩は人間の生きる力になっているということです。その事実を目の当たりにした「ぶっちゃけ寺」のロケでした。

第四話　照見の眼《まなこ》

◆【深般若波羅蜜《じんはんにゃはらみつ》】（梵）gaṃbhīrāyāṃ prajñāpāramitāyāṃ
（発音）ガンビーラーヤーン　プラジュニャーパーラミターヤーン

ことばの鍵

「［わが教えを学ぶ者は、］深い淵の河水と、浅瀬の河水とについて知れ。河底の浅い小川の水は音を立てて流れるが、大河の水は音を立てずに静かに流れる。［およそものごとは、］欠けて足りないものは音を立てるが、満ち足りたものはまったく静かである。愚者は水が半分入った水瓶のようであり、賢者は水の満ちあふれた静かな湖のようである。」（『スッタニパータ』第七二〇、七二一偈）

このたびは『般若心経』の本文、「深般若波羅蜜多」の部分からじっくり読み解きましょう。これは「深遠な智慧の完成」と訳されます。「深遠な」とは、サンスクリット語の「ガンビーラ」。そうあの有名な『開経偈《かいきょうげ》』において「甚深」と訳される仏教語です。『開経偈』は読経を始める際にお唱えする経文《きょうもん》で、その中に「甚深」は登場します。

無上《むじょう》甚深《じんじん》微妙《みみょう》の法《ほう》は
【もっとも深遠(ガンビーラ)なるすぐれた教えは】
百千万劫《ひゃくせんまんごう》にも遭《あ》い遇《お》うこと難《かた》し
【百千万劫を経ても出会うことは稀なのです】
我れ今見聞《いまけんもん》し、受持《じゅじ》することを得《え》たり
【私は今、その教えを見聞し、受持することが出来ました】
願わくは如来《にょらい》の真実義を解《げ》せん
【願いがかなうならば、如来の真実なる本義を了解《りょうげ》できますように】

実はこの『開経偈』、後代の誰かの作によるもので、しかも、それは日本人と思われ、おそらくは『法華経』の「方便品《ほうべんぼん》」に示す「ガンビーラ」を典拠にしたものと推定されます。つい『百万回生きた猫』という名作を連想しますが、永遠の時間にも似た百千万という劫(カルパ)を経過しても、出会うことが難しい仏法を見聞して手にすることが出来た喜びに出会うそのとき、まさに「甚深」という実感が込み上げてきます。

ブッダは自らの仏の教えを称して、「甚深」と名づけました（『増一阿含経《ぞういちあごんきょう》』）。したがって大乗に至っても、この『般若心経』における「智慧の完成」もまったく同じように、如来の悟り、つまり涅槃の深遠さに他なりません。それは「涅槃寂静《ねはんじゃくじょう》」と言われるように、すべてが閑寂で、どこまでも静まりかえった境地です。

では如来の甚深なる悟りは、なぜ静かなのでしょうか。それを理解するポイントが冒頭の〈ことばの鍵〉です。あたかも浅瀬の小川は、にぎやかに音を立てて流れゆくのに対して、深い淵をゆったりと流れる大河は、音ひとつ立てることなく悠々としています。この寂静なる沈黙こそ、実は仏教ならではの深遠なる智慧の本質と言えるのです。

◆「甚深」と沈黙、そして許し

このように観自在菩薩が〝甚深〟なる般若波羅蜜多の世界にあるとき、私たちはそこに寂静なる沈黙の世界が広がっていることを目の当たりにすることになります。沈黙の世界といえば、そもそもブッダの大切な尊称のひとつに「牟尼《むに》」という名前がありますね。「牟尼」はサンスクリット語の「ムニ（muni）」の音写で、「聖者」という意味をもつ言葉なのですが、語源的には「沈黙」を意味します。一般的にもブッダの悟りは言語を超越した心の世界ですから、特に禅宗では以心伝心《いしんでんしん》、教外別伝《きょうげべつでん》、直指人心《じきしにんしん》、見性成仏《けんしょうじょうぶつ》などと言って、言葉を離れたところに意義を見つけようとするほどです。

では、聖者の深い境地では、なぜ沈黙する必要があるのでしょうか。なぜ智慧を完成するとき、寂静となるのでしょうか。そのテーゼへの疑問の扉にも、冒頭の〈ことばの鍵〉を用いることにします。よく考えてみましょう。深い淵を流れる大河は、音を立てないからといって、決して水流が湖岸に当たっていないわけではありません。否、むしろ音を立てる小川の方が、むしろその水と岸辺のぶつかり合いは小さな衝撃に過ぎないはずです。大河にとって、水流の衝撃は大きいはずなのに、その流れは静かなのです。つまり、水流という諸行無常の現実の移り変わりは、かくあるべきと思考された理念や論理という護岸にぶつかり合いながらも、静寂となっているわけです。こうして甚深の智慧は、あたかも深い淵の岸辺のように、浅薄な日常の言語を受けとめ、吸収し、そして静かに抱え込む力を生み出します。たしかに私たちは、頭の中で考えたことと現実の出来事が乖離《かいり》するとき、浅薄な思いつきからは多弁となり、深い思慮からは沈黙するのは、おそらくそのためなのでしょう。

◆沈黙、そして許しへ

現代はネット社会と言われて久しく、飛び交う通信と情報によって、文字通り言葉が氾濫している時代と言えます。おそらくは仏教の教える〝甚深なる沈黙の世界〟とは、かなりほど遠い世界です。

それだけ自分を含めた現代人の思考が浅薄になっているのか、あるいは必要以上に言語を情報化しなければ互いに信用出来ないほど、人間関係に信頼が築かれていないのかも知れません。

その昔、ゴータマ・ブッダも現実の生活において、思いがけない批難を受けたことがありました。

「この世には、いつも責められるばかりの人はおらず、またいつも誉められるばかりの人もいない。過去も現在も未来も……」

これは『ダンマパダ』の第二二八偈にあるブッダの言葉です。あの偉大なブッダでさえ、ひどい悪口を言われたことがあったとは、意外な事実ですね。

ブッダ在世の当時、主な布教の地であったマガダ国では、仏教の人気が高まれば高まるほど、他宗教のバラモンに、かわるがわる誹謗中傷を受けていました。『サンユッタ・ニカーヤ』の第1章には、その名もズバリ「誹謗」という名のお経があります。

昔、マガダの都で有名なバラモン教の一族がおりました。しかし、その一族の妻達が次々にブッダに帰依し、信者となっていきました。

「先祖伝来のバラモン教をつぶす危険人物だ！」

怒りに燃えたバラモン達。彼らは毎日のようにブッダの悪口と批判を街中に流します。その中の一人、アッコーサカというバラモンは、直接ブッダのもとへ乗り込むと、ありったけの罵詈雑言を浴びせました。するとブッダは静かに答えます。
ブッダ「アッコーサカよ、君の所には客人が訪れることがあるか？」
アッコーサカ「ああ、もちろんあるとも」
ブッダ「それでは君は、食事どきには客人に食べ物などでもてなすだろうか？」
アッコーサカ「ああ、時には食事をもてなすさ」
ブッダ「アッコーサカよ、そのとき彼らが食事を受けなければ、その食事はどうなる？」
アッコーサカ「ゴータマよ、客人が受けなければ、当然差し出した私のものになるさ」
ブッダ「アッコーサカよ、実にその通り！　今日、君は私に悪口を浴びせかけたが、私はそれらを一切受け取らない。だから今日の言葉は、すべて君自身のものとなってしまうだろう」
これを聴いてアッコーサカは、ブッダがきっと怒ってこんな答えを言っていると思って言いました。
「ブッダよ。甚深なる悟りを開いたと聞くあなたでさえも、そのように怒るのか？」
するとブッダは謳うように、美しい詩でこう答えました。
「アッコーサカよ。怒りや嫉妬の言葉は、外からやって来るのではなく、心の内側から湧き起こって来るものなのだよ。心静かで深い悟りに、どうして怒りや嫉妬が湧き起こることがあるだろうか。ましてや、怒りに対する怒りはさらに不幸なことである。怒りに対して怒りを捨て去るならば、その人にとっては二つの甘美な勝利が導かれるだろう。一つは心穏やかな自分の心、一つはやがて鎮まるであろう相手の心。この二つの勝利である」
このように甚深なる智慧の完成は、沈黙とともにすべてを許す強靭な心を育み、さらには人生における二つの勝利、すなわち自己と他者の心の安らぎを導くことになるのです。

◆【行《ぎょう》】（梵）caryāṃ caramāṇo
（発音）チャルヤーン　チャラマーノー（ナハ）

ことばの鍵

「ものごとは心（意志）にもとづき、心を主とし、心によってつくり出される。もしもけがれた心で語り、もしくは行ったりするならば、罪苦はその人につきしたがう。――あたかも車輪が車を牽《ひ》くものの足にしたがうように」

（『ダンマパダ』第一偈）

さて、ブッダの昔話はいかがだったでしょうか。
次は甚深なる般若波羅蜜多を「行じし時」の「行（チャルヤー）」です。文字の通りに意味をたどれば、深遠なる智慧の完成の〝行を行いつつ（チャルヤーン・チャラマーノー（ナハ））〟となります。

実は「行《ぎょう》」と漢訳される仏教語には、驚くほどの異なった原語があり、実際に「行」はしばしば意味が混同され、誤解されている言葉です。後に見る「色受想行識《しきじゅそうぎょうしき》」の行や、「諸行無常」の行など、同じ「行」という一語にもかかわらず、意味は多岐にわたります。

ひとまず、今ここで使用されている「行」は、原語をチャルヤーとするものです。チャルヤーは、もともと動詞のチャル（√car）から来た言葉で、①行く、②実行する、③暮らす、④従事するなどといった動きや働きを持ちます。そこから、自らつとめ励んで仏の教えに〝つきしたがって行動する〟ことから、仏となるための修行として、「行」と訳されてきました。つまりチャルヤーとは、大きく言えば「菩薩行」のことで、厳密に言えば「般若波羅蜜行」のこと、すなわち禅定《ぜんじょう》であり、三昧《ざんまい》（ヨーガ）を実践して心を研ぎ澄ませる修行のことを言います。

ではなぜ菩薩行の中でも、とりわけ「禅定」を行として見るのでしょうか。その疑問の扉を開ける〈ことばの鍵〉が、右記の『ダンマパダ』第一偈の教えです。

ブッダは言います。「純粋でない心をもって言葉を語ったり、行動すれば、必ず苦しみが生じるであろう」と。それはまるで荷車の車輪が、牽引する牛馬の足跡にぴったりとつき随って行く様子そのものだと喩えます。そしてこの第一偈と対句をなす第二偈では、その反対に、純粋な心とその意志のもとでものを語り、もしくは行動すれば、つねに福楽が生じるであろうと教えます。それはまるで人物から影がぴったりと離れないように、と巧みに表現されています。

ただ、念のため申しますと、ブッダの教えはつねに唯心論的に理解することは、必ずしも適切ではないと考えられます。あまりに精神論を重視してしまうと、現実の出来事を何ら解決することなく、つねに「あなたの心のとりようだから」として、現実に背を向けてしまうからです。仏教の教えは、そんな理念だけで自己満足する浅薄なものではありません。むしろゴータマ・ブッダという人物は、まさにその逆で、むしろ極めてリアリストな一面を経文中から見い出せるほどです。「心が大事、心がすべて」と教えますが、それはあくまでも現実を生きる世界へ向けて、実際の一歩を踏み入れる契機とするための教えなのです。

したがって、現実の生活を浄く正しくするためには、内面の心理状態を純粋にしなければならず、反対に内面の心理状態を純粋に保つためには、現実の生活を浄くととのえる必要があります。とくに内なる心（意志）は、内面にひそんで隠れているために、とかくうわべの行為や言葉だけを浄くして、内面を浄く純粋なものにする努力を忘れ、おろそかにしてしまうのが私たちの常というものでしょう。

だからこそ、ブッダは現実への間断なき働きかけの原動力を育むために、心をととのえる禅定の大切さを説きます。この禅定による深い三昧の中で生まれてくる智慧が、まさに般若の智慧であり、その般若の智慧によってはじめて空という真相を悟ることが出来るのです。

◆純粋な心と「菩薩行」

古いインドの仏典にある菩薩行の大切さを説いた物語です。

昔々、インドの山深い竹林で、たくさんの鳥や動物たちが、互いに支え合い、仲良く暮らしていました。ところがある日、その竹林で山火事が起きてしまいます。動物たちは逃げ惑うばかり……。そのときです。一羽のオウムが飛び立ちました。オウムは近くの池に翼をたっぷりとひたしては、パタパタと懸命に羽を振るい、水のしずくを火の上に垂らし続けました。何千回、何万回と繰り返します。息は絶え絶えになりながら、オウムは決して諦めませんでした。しかし火の勢いは増すばかりです。

これを見ていた天の神様が、「オウムよ、そんなわずかなしずくで、大火が消せると思っているのか」と尋ねました。

するとオウムは、「消せるかどうかわかりません。でも私は仲間を助けたいのです。育ててくれたこの竹林に、精一杯の恩返し、感謝を捧げたいのです。でも私に出来ることはこれしかありません」と答えます。

この言葉に神様は、にっこりとうなずかれ、不思議な力を現わしました。あっという間に黒雲がわき起こり、大雨が降り注がれると、竹林の火事は一気に消えたのでした……。（『雑宝蔵経《ぞうほうぞうきょう》』より）

一見して現実に対して無力な営みに思えても、人間が純粋な志を保ち、ひたむきな心があれば、いつか必ず願いは叶うものであることを教えている物語です。あるいは人間の持つ喜怒哀楽といったあらゆる感情の中で、「ありがとう」の感謝の念こそが、実は最大、最強の感情なのかも知れないことを教えているようにも受け取れます。

あくまでも私見ですが、禅定における三昧の精神統一には、この感謝の念がもっとも有効であると思っています。七月は盂蘭盆会《うらぼんえ》の季節となりますが、あらゆる命へ感謝する報恩行は、あるいは世界中の深刻な問題や出来事に対して、驚かせるほどの信じられないような大きな力となって、私たちを守り、包み込んでくれることも可能にしてくれるのかも知れません。純粋にして無垢な心をもった小さなオウムの菩薩行は、そんなことを物語っているような気がします。

◆【照見《しょうけん》】（梵）vyavalokayati sma:（発音）ヴャヴァローカヤティ　スマ

ことばの鍵

「［出家者なのだから］あなたは、どうか衣服のことに心をくだくことがないように――。

装飾のことで喜ぶことがないように――。

あなたの徳の香りは、自身の内面から生れるもの。

それ以外の、他のことから生れるものではないのだよ」（『テーラガーター』第二八偈）

観自在菩薩が、深遠なる智慧の完成を試みつつ、その瞑想の境地（三昧）において、空というものごとの真相を見極めます。そこで玄奘は、その見極めることを「照見」と漢訳しています。

原語は「ヴャヴァローカヤティ・スマ」です。分離や喪失を意味する接頭辞の「ヴャ（vya）」に、それをさらに強める接頭辞の「アヴァ（ava）」が重なって、次に来る動詞の「見る」を修飾しています。「スマ（sma）」は、直前の動詞にくっついて「確かに○○したのだった！」とか、「まさに○○していたゾ！」という具合に、過去に実際にあった出来事を強調する語です。

ちなみに「ローカヤティ（lokayati）」は、ローク（√lok）の格変化したものですが、英語で「見る」の意味の「ルック（look）」と語源は通じています。ですからここでは、見ると言っても、「見やる」「眺める」というように、俯瞰して物事を見つめるニュアンスです。したがってロークは、名詞になれば「ローカ（loka）」といって、「世間」とか「世界」と訳される日常の仏教語になります。見渡して眺めるこの世界が、「世間」というわけです。

いずれにしても原語の「ヴャヴァローカヤティ・スマ」を直訳すれば、「確かにあのとき、〈観自在菩薩は何かを〉見分けていたのだった！」となります。注意深く、かつ確信をもって見分けることから、「見極めた」と口語訳されるのがよろしいでしょう。それがこの「照見」という漢訳語です。

それでは観自在菩薩は、いったい何に向かって見分けた、見極めたというのでしょうか。その疑問の扉を開ける〈ことばの鍵〉が、上述の『テーラガーター』第二八偈の経文です。

◆内観としての「照見」

ここでの〈ことばの鍵〉に用いた『テーラガーター』は、仏弟子たちがブッダの言いのこした言葉を集めたもので、『長老偈経《ちょうろうげきょう》』と呼ばれる経典です。すべて韻をふんだ偈文《げもん》で記されていますが、拝見するとその中には、ブッダの説法の言葉をそのままに伝えるものや、ブッダから教えを直々にいただき、感極まってしるしたもの、さらには、自分の過去のしくじりを涙ながらに告白したものなど、実に生々しい言葉が集められています。

その中でも〈ことばの鍵〉としてとりあげた一句は、ジャンブー樹が生い茂ったとある村を出身とする、名も無き仏弟子の告白によるものです。おそらくは、彼が耳にしたブッダの数多くの教えの中でも、彼自身がもっとも印象深く感じられた言葉なのでしょう。

仏弟子といえども、あるいは女性に限らず、男性であっても、おしゃれな衣服にこだわることに、昔も今も変わりないようですね。周囲から良く見られたい、素敵な人だと思われたい……。私にも身に覚えのあるところです。しかし、ブッダは次のように語りかけたのです。

「よく考えてみなさい。他人が立派だと思ってくれるのは、衣服の見栄えからなのだろうか。深く慎重に、そして確信を持って見分ければ、きっと気づくであろう。そう、その人自身から発せられる徳の香りによって、人は心打たれるのだ……」

ブッダの言葉は、実に身近で、誰にとっても心あたりのある親しみやすさに溢れています。きっとこの仏弟子も、ブッダの言葉にはっとして書き記したのでしょう。

とかく人は、心の眼を外にばかり向けています。しかしその心眼をふと自らの内に向けたとき、はじめて人は日常の外に一歩を踏み出すことができるのです。この心を鎮めた「内観」こそ、すべてを明らかに見極める「照見の眼」なのです。

仏に至る聖らかな一歩を運ぶために欠かせない「照見の眼」。それは誰にとっても気づくことの出来る開かれた眼です。さあ、人生は一度きりです。その一度きりの大切な日々を心豊かにするために、みなさんも「照見の眼」から世間を見つめてみませんか？　あなた自身が菩薩の道を旅するためにも……。

第五話　五蘊 ― その認識のプロセス

◆【五蘊《ごうん》】（梵）pañca skandhās,（発音）パニュッチャ　スカンダース

ことばの鍵

青いお空のそこふかく、
海の小石のそのように、
夜がくるまでしずんでる、
昼のお星はめにみえぬ。
　見えぬけれどもあるんだよ、
見えぬものでもあるんだよ。（金子みすゞ『星とたんぽぽ』）

いよいよこれから、『般若心経』にとって〝もっとも言いたいこと〟が、順序立てて説明されることになります。つまり、観自在菩薩はいったい何を見極めたのか、まさにその内容が明かされます。

まずは「五蘊」。サンスクリット語で言えば、「パニュッチャ」は五つ、「スカンダ」は集合体、積《しゃく》集《じゅう》の意味ですから、直訳すれば「五つのかたまり」ということです。したがって「五蘊」は「五衆《ごしゅ》」、あるいは「五陰《ごおん》」とも訳されている言葉です。つまりこれは、「この世界のすべての存在は、五つのかたまりで構成されていますよ」というメッセージです。

「五つのかたまり？　それはどういうこと？」なんて声もありそうですね。そうなんです。先に結論づけて申し上げれば、この世界は見た通りや、聞いた通りに存在するのではなく、本当の姿は別にあるということを言っているのです。そこで今回の〈ことばの鍵〉は、金子みすゞさんの『星とたんぽぽ』、そこから五蘊という考え方を見つめたいのです。

昼空の星も、冬のたんぽぽも、人間にとって姿は見えませんが、決して無くなってしまったわけではありません。否、むしろ星は一層輝いていたり、たんぽぽは大地に深く根を伸ばし続けたりしています。にもかかわらず、私たち人間はそれらに気づかない……、そんな無反省で観察を欠いた生活を送っているのではないでしょうか。

そこで仏教では、「気づかないのだから仕方がない」とは片づけないんです。見えたり聞こえたり、そして気づくことが出来ないものは、そこに五蘊が正しくはたらいていないからだと考えたのです。同じように、目の前のものは当然存在すると思っていても、五蘊がはたらいているだけだから、存在しないのかも知れませんよ、という警告にもなっています。

私たちが認識出来るすべての存在は、五蘊のはたらきによる仕業《しわざ》。それゆえ五蘊という認識のしくみを知っておくことが、目の前のあらゆる出来事に惑わされずにすむ〝生きる知恵〟になるのです。

◆物質の世界と精神の世界

ところで、サンスクリット語に言う五蘊の「五（パニュッチャ）」は、日本では「パンチ」とか「ポンチ」とか発音され、飲み物の名前にもなっています。そう、あのフルーツポンチは、蒸留酒にレモン汁、砂糖、水、香辛料を加えて、五種類の材料で作られる飲み物であることから、ポンチとかパンチと呼ばれるようになりました。五種類の味が、バランスよくお互いに影響しあって見事な味のハーモニーを作り上げているわけです。

その〝五つの食材〟という飲み物のように、仏教ではこの世界のいっさいも、五つの材料の集まり（蘊《うん》）が作りだした結果と考えました。言い方を変えれば、人間は周囲の世界を五つの段階を経て認識しているとも言えるでしょう。

五つの段階とは、「色蘊《しきうん》、受蘊《じゅ》、想蘊《そう》、行蘊《ぎょう》、識蘊《しき》」という五つのかたまりです。これらは「物質的なできごと」の色蘊と、「精神的なはたらき」の受蘊から識蘊までの二種類に分かれます。ある意味で、色蘊と他の四つの蘊は「物質と精神」、あるいは「客観と主観」という分け方にも似ていますね。

すなわち「物質と精神」の二元論というハーモニー（調和）とプロセス（段階）によって、この世界を把握しようとするのが仏教の基本的な理解です。

この認識の流れを整理してみましょう。

色蘊…物質的現象の集まり ――― 物質的世界のこと

受蘊…感受しようとする心
想蘊…表象(イメージ)しようとする心
行蘊…形成しようとする心
識蘊…判断しようとする心
――― 精神世界のこと

つまり、これら五つの集合体が順序正しく機能すると、正しい判断と認識をもたらすという仕組みが五蘊です。それでは次に、この五蘊のひとつ一つの意味と流れをわかりやすく見てみましょう。

◆「五蘊」のはたらきとその流れ

まず「**色**(ルーパ)」とは、肉体または物質のことを指します。漢字で「色」と書くことから、青とか赤といったカラー(色合い)の意味だと考えがちですが、それだけが色ではありません。輪郭をふくめた〝形あるもの〟という意味も含んでいます。伝統的な解釈にしたがいますと、物質が生滅したり、変化したりすることを「変壊《へんえ》」と言いますが、色とはそうした〝変壊するもの〟と定義されています。ただし、この色蘊の考え方は、初期仏教時代と部派仏教時代では、概念がかなり変化していることも事実です。ここでその詳細にふれることはしませんが、要するに人間の外側にある現実世界の物質とともに、肉体的な感覚器官をも併せて色蘊とするわけです。

例えば目の前にリンゴがあるとしましょう。ここからはこのリンゴを主役に考えてみます。まず物質（物体）として存在するリンゴ、これが色蘊の段階です。〝赤くって、丸くって、そして良い香りがする……〟といった存在物に関係する外部情報の集まりです。

この色蘊という情報の集まりについて、目、耳、鼻、舌、体、意識といった感覚器官を通して、次に受け止める段階が始まります。この〝受け止め〟の総体が「受蘊」です。

「**受**（ヴェーダナー）」とは、苦しみや楽しみなどといった印象を感受するはたらきを指します。これには、肉体で感覚的に受ける「快・不快」のイメージと、精神で知覚的に受ける「苦・楽」などの感情とがあります。いずれにしても、受蘊とは感覚や知覚によって感受するはたらきの集合体であって、リンゴを前にして〝わき起こってきた感情〟そのものを言います。

ちなみに肉体的な感覚である「痛い」「かゆい」「温かい」「冷たい」などの痛覚感情は、人間だけでなく、他の動物にも同じように感受される可能性をもった客観的感性ですが、精神的知覚の「悲しい」「嬉しい」「苦しい」「楽しい」などは、他人や動物などに必ずしも見られるとは限らない主観的感情ですね。したがって同一のものに向き合っているのに、自分と他人ではまったく受け止め方が違ったり、無感情であったりすることもあるわけです。

たとえば私はリンゴが大好きです。しかし、さしてリンゴが好きでもない人もいれば、あるいは「リンゴの歌」をイメージして戦後のつらかったことを思い出す人がいるかも知れません。当然のことですが、リンゴひとつを前にして、自分には思いもよらない感覚の受け止め方が、周囲にはたくさんあるということがわかります。世の中には、子どもたちの声をうるさいと感じる人もいれば、その声に未来を感じて喜ぶ人間もいるわけです。実は『般若心経』の説く「受蘊」には、そうした日頃の無反省な主観（思い込み）を警告するメッセージが込められていると言えるでしょう。

◆心のスクリーンから分別へ

心に受け止めた感覚の集まりは、すぐさま「**想**（サムジュニャー）」の集合体へと展開します。「想」とは、文字通り想像の想、つまり心象風景を受け取って表象化（イメージづくり）を行う段階です。「ここには、赤い果物らしきものがあるぞ」という、より具体的でしっかりしたイメージが湧き起こってきます。でもまだこの想蘊の段階では、対象物が何かまではっきりとわかりません。外界の情報が映し出された心のスクリーンを見て、心の中に湧き起こった感情を素材として、さらなる知的なはたらきが加わっていかなければなりませんね。そこで、これら心のスクリーンにイメージ化された情報の集合体は、次いで「**行**（サムスカーラ）」の総体へと受け継がれることになります。

「行蘊」とは、ひとことで言って「心のあらゆるはたらき」のことです。行には、作意（注意喚起する心）、触（出会いや接触したときの心）、思（こうしたいという意思）、定《じょう》（精神の統一）、念（忘れないという決意）、慧（知的な心）などがすべて含まれています。具体的なリンゴの例で言えば、想というイメージ化された情報を、過去の経験や記憶と照らし合わせ、プロファイルする段階です。つまり情報を整理して、〝これは過去に食べたことがあるぞ。たしかリンゴとか呼ばれていたな。そうかリンゴらしきものか〟というイメージに具体性をもたせて概念を徐々に形成させていくはたらきです。例えばかりで恐縮ですが、刑事ドラマに当てはめると、事件の犯人という存在を色、その犯人を街中で見かけた事実を受、あれは犯人に似ているぞとの気づきが想、過去の犯罪記録と照合する確認作業が行、こんな具合です。

　さあ、こうしてたどってきた私たちの五蘊の流れも、いよいよ大詰めです。過去の経験や記憶からプロファイルされた〝赤くて丸いもの〟は、何となく〝リンゴらしきもの〟と思われて、結果としてその事実がリンゴで間違いないと最終判断を下すときが来ました。これらの情報に対する最終判断の総体が、「**識**（ヴィジュニャーナ）」という集合体になります。

　つまり識蘊とは、「これは間違いなくリンゴという果物である」と、分かち知ることとの総体です。初期仏典では、識の異名として「心」と「意」をあげていますが、「識」を合わせたこの三者は、ほとんど同体とみて良さそうです。しかし、やがて「識」は眼から意までの六識を指し、「意」は第七末那識《まなしき》、「心」は第八阿頼耶識《あらやしき》と第九阿摩羅識《あまらしき》をそれぞれ意味すると呼び分けるようになりますが、それはかなり時代が下ってからのこと。今はその流れだけにとどめておきます。

それではここまでのお話を図式化して示しましょう。

◆目に見える世界と目に見えない世界

ところで、五蘊のはたらきと言えば、私はサン＝テグジュペリの名作『星の王子様』という作品を想起します。その冒頭で「ぼく」が一枚の絵（上の図）を見せて、「これこわくない？」と訊いてくる場面があります。相手が「なんでこんな帽子がこわいのかい？」と不思議そうに答えると、「ぼく」は意外な理由を明か

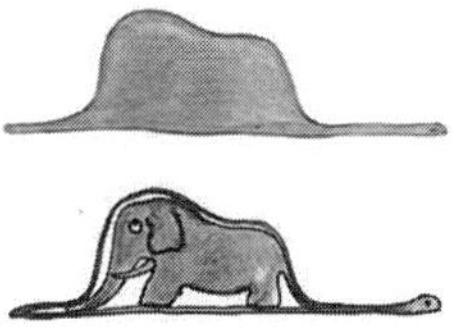

《五蘊の流れ》

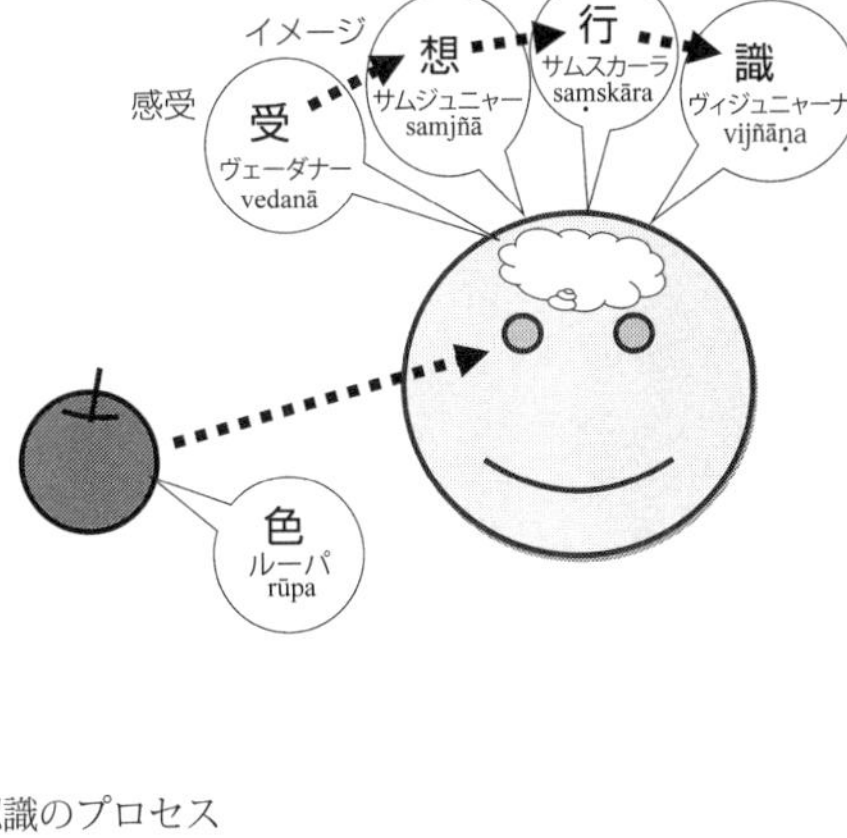

すのです。一枚の〝帽子らしきもの〟を指しながら、大人はみんなそう言って不思議がるけれど、実はこれは違うんだと説明します。

「これは象を丸呑みにしたウワバミの絵だよ！」

実に面白い帽子の解釈です。ところが当初、私たちには帽子にしか見えなかったこの絵が、この説明を一度知ってしまうと、「象を丸呑みにしたウワバミ」にしか

見えなくなってくるから、さらに不思議です。これは帽子ではなく、「象を丸呑みにしたウワバミ」という認識によって、もう他のあらゆる解釈が排除されてしまうのです。これが人間の「知る」というはたらきに潜む「落とし穴」なのです。

本来は、周囲のいろいろな出来事や存在に対して、人それぞれのものの見方や解釈の可能性があったはずです。しかしそこに「象を丸呑みにしたウワバミ」というひとつの情報が入ることによって、私たちは単一の解釈しか出来なくなってしまうのです。こうした人間の習性は、この話が帽子だから良いものの、世の中全体を決める政治的な判断であったり、人生を左右する価値観だったりするとなれば、話は別です。認識や判断そのものが、ときに怖ろしい運命の剣が峰となるのです。

このように、人間が普段何気なく分別している心のいとなみは、実は目に見えたり、耳に聞こえたりする通りとは限りません。日常の判断は、あくまでも五蘊のはたらきによって〝仮にチョイスされた結論〟のひとつに他ならないのです。それにもかかわらず、人間はどうしても有力な外部情報が入ると、多元的な可能性を否定して、単一的な結論に終始する傾向があるのです。それはあたかも「ルビンの壺」の絵（下掲図）のように、二人の顔と思った瞬間に壺の姿は消え、壺と判断した瞬間に二人の顔という認識は消え失せてしまうのと同じです。異なる概念を同時に認識する作業を不得手とする結果、人間は想定外を否定して〝思い込み〟だけで良しとする危険性が、誰にとってもあるわけですね。

◆【皆空《かいくう》】（梵）tāṃś ca svabhāva-śūnyān
（発音）タームスッチャ　スヴァバーヴァ　シューニャーン

さて、これまでは五蘊という人間の識別や判断について、やや理屈っぽくたどってみました。そこで知り得たことは、日頃私たちが当たり前と思い込んでいる出来事や情報が、いかに短絡的で単一的なものなのか、その危険性を気づかせてくれる〝心の仕組み〟でした。

そこで、ここからはその心の仕組みにしたがえば、思い込みとして抱いているすべての心理や目の前の出来事は、その仕組みの織りなした仮の姿であって、本質的には何も決まったものはないという真相の視界が開けてきます。この開かれた真相の平原こそが、「空の世界」です。

「**空**（シューニャ）」とは、壺や風船が丸く膨れあがっているように、もともと中身が中空で「なにもない状態」を意味します。つまりこれはインド数学におけるゼロ（零）のことです。空間的には、物質として互いに何らかの影響を与えながら、そこで生滅変化しているので、出来事（現象）としては存在しても、実体的には「これは○○だ！」という主体性がどこを捉えても存在しないことになります。

たとえばここにペットボトルがあったとします。このペットボトルは、石油を原材料とします。とすれば……、数億年前の動植物の死骸が大地に蓄積され、それが化石燃料として原油を経過し、精製されて石油、それを加工してビニール、さらにペットボトルとしてジュースが注がれます。美味しい飲み物として商品になったペットボトルは、やがて廃品回収され、リサイクル商品としてセーターに生まれ変わるかも知れません。セーターとなったペットボトルは、可燃物となって煙となり、そして大空へ飛散した煙の粒子はやがて……と、こうなります。すると、今手にしているペットボトルの本当の姿は、はたして何なのでしょうか？　いったいどの場面を取り上げて「これが本当の姿だ！」と言い切れるのでしょうか？

もう、お気づきですね。そうです。私たちの住むこの世界で、「これはこうに決まっている！」と決定づけられたものなど、何ひとつないのです。あえて言えば、ほとんど永遠に循環するであろう存在物の、そのどの場面をとっても、それぞれがそのときの本当の姿であり、全体を通して「こうだ」と言い切れる統一的な解答や、本質的な定義づけなど出来ないのです。ペットボトルはセーターかも知れませんし、大空の雲かも知れないからです。

◆「空なるもの」を求めて

ことばの鍵

水鳥の　行くも帰るも　跡たえて
されども路は　わすれざりけり

道元禅師

それでは、この世界は実は何もなかったということでしょうか。もちろん、その答えはノーです。たしかに私たちは、自分の考えや判断というものがあって、それに基づいて生きていますから。また周囲の出来事から地球上の大自然のいとなみまで、森羅万象に至る出来事は実際に存在しています。つまり「空なるもの」を新たなる主体的な根源に据えて、日常すべてをいったんご破算にして、あらためて自分や周囲を見つめ直したらどうかと『般若心経』は求めているのです。

こうして森羅万象の物質的な世界にあっても、それらを「空なるもの」として見極めれば、実は自分自身が新たに「空なる存在」という主体であったことに気づき、結果としてそれを人生に反映させることも可能ではないでしょうか。なぜならすべてが「空なるもの」と知れば、その瞬間、個人的で極端な思い込みが、いかに狭小で愚かであったのかが見えてくるからです。

日頃の私たちは、欲求に束縛された状態にいます。つまり「このリンゴは私のものだ」とか、「あれはペットボトルのゴミに過ぎない」などという無反省で勝手な判断から、心を自由に解き放した価値観へと転換させるのです。

右に挙げた〈ことばの鍵〉は、道元禅師の詞書《ししょ》に「応《おう》無《む》所住《しょじゅう》而《に》生《しょう》其心《ごしん》を詠ず」とある和歌です。「応《まさ》に住《とど》まるところなくして、その心を生ずべし」と読みます。雲や水はいかなる意図ももたず、何ものにも執着することなく自由自在に旅をします（上堂語二八一）。それと同じように、水鳥たちも大空へと自由に飛び立ってゆく……。そこには何らの道も見えず、また足跡も残しませんが、しかし水鳥たちは決してその行路を見失ったり、忘れたりすることはありません。

もしも「万物の実体が空なるもの」であるとするならば、よくよく考えるとこの世界には、私たちにとって執着するべき対象など、実は何一つないのではないでしょうか。この世界に裸ひとつで生まれ、裸ひとつであの世に旅立ってゆくだけですから。最初から何も持たず、最後まで何も持って行くものなどありません。私たちはその真相に目覚めつつ、自らに具わっている「今ここにいる私」を決して見失うことのないようにしたいものです。

それはあたかも旅路を忘れない水鳥のごとくに……。

第六話　哲理と救済

◆【度《ど》一切《いっさい》苦厄《くやく》】（梵）sarvaduḥkhapraśamanaḥ

（該当する梵語はなし。後半「能除一切苦」から移動か？）

（発音）サルヴァドゥッカァプラシャマナハ

ことばの鍵

仏心とは、大慈悲これなり。

無縁のいつくしみをもって、もろもろの衆生を摂す。


〈意訳〉

仏の心とは、苦を抜き去り、楽を与えてくれる大きな慈悲というはたらきです。

それは無条件、無償のいつくしみによって、すべての生きとし生けるものを救済してくれる心なのです。（『観無量寿経』）

ときに自分が今感じている痛みや悲しみが、他の身の上に起きているどんな出来事よりも最大の関心事になることがあります。あるいはその感情が大きいほど、永遠に変わることなどないのではないか、とさえ思えます。しかし、たとえそれがどのような感情であっても、永久に変わらないものはありません。なぜならば、すべての存在の本質は空だからです。このように、何ひとつ決まった実体などはないという仏教の見方が、前回に紹介した「五蘊皆空《ごうんかいくう》」という教えでした。〝コロコロ変わるから心〟と言われる所以《ゆえん》です。

さて、こうしてすべてを空なるものと観たとき、私たちの抱えているすべての苦しみ（＝思い通りにならないこと）や厄災《やくさい》は、その空という真実の道理によって救われることになります。それがこの「度一切苦厄《どいっさいくやく》（一切の苦厄を度したまえり）」という部分に相当します。本文を直訳すれば、「（観自在菩薩は私たちから）あらゆる苦悩や災厄をとり除かれた」となるでしょう。ただし原文には、この「度一切苦厄」に相当する梵語は存在しません。法隆寺に伝わる貝葉本《ばいようぼん》をはじめ、現存するすべての梵本には、この漢訳に対応する原語がないのです。あの敦煌《とんこう》の莫高窟《ばっこうくつ》で発見されたシュタイン本でも欠如《けつじょ》しています。にもかかわらず、玄奘《げんじょう》による翻訳事業の一翼を担った慈恩大師基《じおんだいしき》は、『般若心経幽賛』でこの句をとりあげ、注釈も加えています。また玄奘の門下生でもあった円測《えんじき》も、『般若心経賛』を著してこの句を解釈しています。これはいったい何を意味しているのでしょうか？

◆「空」の哲理から救いの教えへ

これはあくまでも推測ですが、おそらく玄奘三蔵が翻訳されるときに、梵語にはなかったにもかかわらず、後半の「能除《のうじょ》一切苦」という句を移動して、そのままここに挿入したということでしょう。ちなみに相当する語として推測される「度」の原語は、後半では「能除」と訳されているプラシャマナです。プラシャマナとは、「鎮めるもの」「平静にするもの」「停止させるもの」といった沈静化を意味する形容詞です。「苦」のドゥッカァとは「思い通りにならないこと」で、基本的には生・老・病・死などの四苦八苦を意味します。

いずれにせよ玄奘ほどの人物が、原文にはない句をわざわざ挿入させたのには、きっと深い理由があるはずです。

その謎を解くために、まずは素朴な疑問から考えてみましょう。そもそも、ものごとの本質が空であると、どうして私たちの苦悩や災厄が除かれることになるのでしょうか？　たしかに「すべてのものごとは移り変わってゆく」という現象は、ひとつの道理ではあります。しかし、ただそれでは、単なる原理的な説明です。その道が示されたに過ぎません。空であると観察する哲学的な道理が、人々にとって希望の教えとして歩むことのできる実践につながってゆく必要がありそうです。

要するに『般若心経』では、予《あらかじ》めここに「五蘊が空であること」イコール「衆生済度」という結論が挿入されているのですが、この唐突とも思える展開を理解する鍵が、私は「慈悲」であると踏んでいるのです。

◆仏心を呼び覚ますための「空」の哲理

このように『般若心経』は、原文にはない一句を加えることによって、ものごとを空と知る観察力は、そのまま衆生を救済するエネルギーに変換されるという目的を持つものとして宣言されるのです。すなわち空の哲理に裏打ちされた〝慈悲の力〟の湧出です。

そこで「度一切苦厄」を読み解くために、私は『観無量寿経』の一文を〈ことばの鍵〉にあげたのでした。なぜならば、これ以上に仏心を呼び覚ます言葉はないからです。

私たちにとって、仏とはどのような存在でしょうか？　それはおそらく人間として最高の境地に達した理想の姿と思われますが、さらにその境地をどのような心で満たしたときに、人は仏に近づくことができるのでしょうか？　実はその核心的な答えが、この〈ことばの鍵〉の一文なのです。

「慈悲」とは、仏や菩薩が生きとし生けるものすべてをあわれみ、いつくしむ心。万人を救済してくれる愛です。とりわけ「慈」の原語の「マイトリー（maitrī）」は、「ミトラ（mitra）」つまり「友」を原意としますから、〝最高の友情〟といったニュアンスの言葉です。万人に最高の友情を抱くこと、それが「慈（マイトリー）」です。一方、「悲」の原語は「カルナー（karuṇā）」。これは人生の苦しみに「嘆くこと」で、さらに他人に同情することも意味します。決して高みから見おろす目線ではなく、どこまでも互いに信頼する人間愛です。あたかもわが子を愛するような心をもって万人へ慈悲をそそぐとき、その心を「仏心」と呼ぶのです。

つまり「五蘊は空である」という哲理によって、慈悲という仏心が生まれ、その湧出した力によって限定的で個人的な愛の感情を万人へ向けて放つ〝普遍的な慈愛〟へ昇華させたい……と玄奘は言いたかったのではないでしょうか。それが原文にはなかった一句が、ここに補足された理由であると私は思うのです。

◆【舎利子《しゃりし》】（梵）iha Śāriputra（発音）イハ　シャーリプトラ

ことばの鍵

これあるに縁《よ》りて、かれあり、これ生ずるとき、かれ生ず。
これなきに縁《よ》りてかれなく、これ滅するとき、かれ滅す。（『相応部経典』）

数多の仏弟子の中で、まず筆頭にあげられる人物、それがシャーリプトラ（パーリ語ではサーリプッタ）です。ここでは彼の名は主格ではなく、「イハ！」という呼格になっていますから、「この世において、シャーリプトラよ！」と、サットサンガに集まった聴衆のひとりとして声を掛けられたという場面になります。ちなみにサットサンガとは、「善人の集い」のことで、その場にいるだけで真理が自然に心へそそがれてくるという尊い会合です。真理と一つになったブッダのそばで、人々がみな感激している雰囲気が伝わってきます。

シャーリプトラは、二大弟子と称される大親友のマウドガルヤーヤナ（パーリ語ではモッガラーナ、漢訳では目犍連《もっけんれん》・目連《もくれん》）とともに、初期の仏教教団では「智慧第一」と尊敬される特別な存在でした。シャーリプトラは、「舎利子《しゃりし》」のほか「舎利弗《しゃりほつ》」とも漢訳されます。

マガダ国の王舎城の近く、ナーラカ村出身の彼は、聡明な母で知られていたルーパシャーリーの子であったため、悟りを開いてからはシャーリーの子（プトラ）と呼ばれていました。隣村に住んでいたマウドガルヤーヤナとは幼友達でしたが、ある日、二人が王舎城の山頂祭へ出かけたとき、祭りで賑《にぎ》わう人々を眺めながら、偶然二人ともふさぎ込んでしまいました。

「この人々の中で、百年後に生きている者がいるのだろうか……」

ふと諸行の無常を感じて、二人はともに出家を志すようになりました。その後、二人は王舎城でもっとも人気を博していた「六師外道《ろくしげどう》」のひとり、サンジャヤ教団に弟子入りしましたが、教祖サンジャヤの説く教えをすぐにマスターしてしまいます。その教えは懐疑論と呼ばれるもので、この世の善悪や正邪、美醜などのあらゆる判断には、決定的な結論は無いとするものでした。ほどなくこの懐疑論に疑問を持つようになっていたその頃、シャーリプトラは運命的な出会いをするのです。その出会いの場面で耳にした言葉が、〈ことばの鍵〉にあげた「これあるに縁《よ》りて、かれあり、これ生ずるとき、かれ生ず……」というものでした。

◆「縁起」の思想から「空」の哲理へ

ところで『般若心経』は、その題名が示す通り、あくまでも「空」という考え方を説きながら仏の智慧をあらわした経典です。したがって「智慧第一」の舎利子がそこへ登場するのは、ごく自然なことと考えられます。しかし、一方で空の理解者といえば十大弟子のひとり、「解空《げくう》第一」のスブーティ（須菩提《しゅぼだい》）がいます。もちろんブッダからの信認と、その存在感は比較になりませんが、ただ、この『般若心経』で登場するべき人物は、縁起の理法を知り尽くしたシャーリプトラだからこそ相応しいのです。それを知っていただくために、先の〝運命的な出会い〟の場面を紹介することにしましょう。

ある日、ブッダがサールナート（鹿野園《ろくやおん》）で最初に教えを説いた五比丘《びく》のひとり、アシュヴァジット（パーリ語ではアッサジ）が王舎城で托鉢していますと、その姿をたまたまシャーリプトラが見かけます。

「何という美しい姿なんだ！　この世に尊敬すべき人物がいるとすれば、間違いなくそんな人物のひとりであろう……」

そう確信した彼は、思い切って「あなたの師は誰で、いったいどのような教えを説くのでしょうか？」と尋ねます。するとアシュヴァジットは、自らをゴータマ・ブッダの弟子と答えますが、自分はまだ修行が浅いので、ブッダの教えを話す資格はないと告げました。するとシャーリプトラは、次のように懇願します。

「たとえわずかな教えでも、私は真理の言葉が欲しいのです。真理だけを求める私は、多くの言葉を望みません」

これを聞いてアシュヴァジットは、ブッダの教えとして先の〈ことばの鍵〉にあげた文言だけを語りました。つまり「すべてのものには原因があり、その原因から結果が生まれる。もしその原因が無ければ、そのために結果も消滅する。世尊はそのように説き明かしたもう」というものでした。するとと驚異的な理解力を持つシャーリプトラは、この一句を聞いただけで感激し、たちまち法の眼《まなこ》を開いてしまいます。

「これあるに縁《よ》りて、かれあり、
これ生ずるとき、かれ生ず。
これなきに縁りてかれなく、
これ滅するとき、かれ滅す」

おそらくこの「すべては縁りて起こった（縁起した）存在である」という考え方から、あらゆるものには実体が無く、空であるという無我の哲理を悟ったのでしょう。何ごとにも決定的な判断を下さないというサンジャヤの消極的な教えを凌駕する積極的な思想を見い出したものと思われます。しかも、たったこの句を聞いただけで……。実に驚くべきことです。

◆「智慧第一」舎利子という人物

『中部経典』によれば、シャーリプトラは仏弟子となってから、悟りを開くまで半月足らずであったとされます。そんな天才肌の彼の人柄について、仏弟子の告白『テーラガーター』では、次のように語られています。


智慧が深く、聡明なシャーリプトラは、多くの仏弟子たちに道理を説く。

それはまるで九官鳥の声のごとく自在の才能を発揮する。

魅惑に満ち、心地よく、甘美な声で彼が法を説くとき、彼の甘く楽しい声を聞いて、仏弟子たちは心喜び、なごやかに聞き入った。(『テーラガーター』一二三一〜一二三三偈からの抜粋)

それほど彼は「智慧の完成に到達した偉大な聖者」(同一〇一五偈)として、仏弟子のみならずブッダからも厚い信頼を得ていました。しかもその人柄も魅力的だったことが、〃ある事件〃からうかがえます。

シャーリプトラの信者が大勢集まって、彼の噂で盛り上がっていたときのことです。

「本当に我らが尊師（シャーリプトラ）は忍耐強いお方だ！　たとえ殴られても、ののしられても、決してはらを立てたりはなさらないだろう……」

　すると、これをふと耳にしたあるバラモンが割って入り、彼らに尋ねたのです。

「そんな人がこの世にいるはずがない！　それは今まで彼を本気で怒らせるようなことをしなかったからじゃないか」

「いや、バラモンよ。そんなことはない」

「ならば、この私がそいつを怒らせてみせようぞ！」

「やれるものなら、やってみよ。バラモンよ」

「よし、見ておれ！　わたしはそういうやつに、どう仕向ければよいか分かっているからな」

そんな言い合いをしていると、ほどなく托鉢を終えたシャーリプトラが街から帰ってきました。

バラモンはさっそく背後から忍び寄り、いきなり力任せに彼の背中を殴りつけたのです。

ところがシャーリプトラは、ふり向くこともなく、そのまま静かに歩き続けました。するとどうでしょう！　そのバラモンはどういうわけか、体じゅうが我慢できないほど熱くなり、苦しくなったのです。しかもその後ろ姿を見て、自然に恥ずかしさでいっぱいになりました。たちまち「この方は、なんという高貴な雰囲気をもっているのだろう」と思い、ひれ伏して叫びました。

「ああ、尊きお方よ！　どうかこの悪しき心の私をお許しください！」

「あなたが何をしたというのですか？　それに何の話をしているのですか？」

「尊きお方よ！　私はあなた様の忍耐強さを試すために、思いっきり殴ったのです」

「そうですか。それならば、あなたを許しましょう、バラモンよ」

「ありがとうございます！　もしお許しくださるのなら、どうか我が家へ来て、食事をお召し上がりください」

バラモンはそう言って、シャーリプトラの鉢を手に取り、彼を案内して食事を施しました。これを見ていた周囲の信者たちは、非常に腹を立てて言いました。

「なんたることだ！　あの男は理不尽にもシャーリプトラさまを殴りつけただけでなく、さらに男の手から施しの供養をお受けになるとは……。このままではあの男のことだ。ますます図に乗って、勝手気ままに振る舞うかも知れないぞ！　あるいは許されると思って暴力を振るうかも知れない……」

信者たちがこのように話していると、そこへブッダがやって来られ、彼らをやさしくなだめるのでした。

「おまえたち、よく聞きなさい。真のバラモンは暴力を決して振るわないものだ。ましてシャーリプトラのような尊敬されるべき人物に殴りかかるとは、きっとニセのバラモンに違いない。聖者の境地を目指す者は、怒りというものをすべて無くしているのだからね。また、シャーリプトラは悟りの境地に生きる者であるから、誰であろうとも供養を施そうとする相手ならば、差別せず平等に受け入れるのは当然のことである」

このように「智慧第一」の尊者としてのみならず、すべてを許容するすばらしい人柄であったことが、ブッダの言葉からもよくわかります。ただ、そんな高弟シャーリプトラも病には勝てず、最後まで出家を許さなかった最愛の母を教化《きょうけ》し、導いた後に、禅定《ぜんじょう》に入ったまま息を引き取ったと言われます。一説にはブッダ入滅の二年前のことでした。

◆舎利子からの問いかけが意味するもの ―「梵天勧請《ぼんてんかんじょう》」ふたたび―

ことばの鍵

そこで舎利子長老は、仏の力を受けて、聖なる観自在菩薩に次のように言った。「誰であれ、もし善男子・善女人が深遠な智慧の完成を実践したいと願ったときには、どのように学んだらよいのでしょうか?」（大本『般若心経』）

この〈ことばの鍵〉の一文は、玄奘訳の小本には無いものですが、実はこの言葉を理解しておくことが、実に大切なことだと思われます。大本では「般若の智慧をどのように学んだらよいのでしょうか?」と、観自在菩薩に向かってシャーリプトラがうやうやしく教えを請《こ》うている場面が記されています。その結果、彼の願いに応える形として空の哲理が逐次説かれることになっています。

仏教を学び始めた頃、私はこのシャーリプトラと観自在菩薩の問答体を主流とする、般若経類にはよくあるスタイルに、何らの不思議も思いませんでした。むしろ「ああ、Q&A調でわかりやすく教えを説明しているのだな」と簡単に考えていたものです。しかし、ようやく年齢を重ねて、わずかでも経文にいろいろ気づくことが出来るようになり、初めて理解できたのです。これは大乗仏教における「梵天勧請」なのだと。

「梵天勧請」とは、かのブッダが三五歳にして悟りを開かれたとき、深遠な悟りの境地を自ら喜びとともにかみしめつつ、同時にその悟りの内容を人々に伝道すべきかどうか躊躇した、という故事です。たとえ悟りが真実の道理であったにせよ、あまりにも深遠であるがゆえに、人々は誤解するのではないかと恐れ、ブッダはいったん教えを説くことをあきらめるのですが、そこへブラフマン（梵天）という神が現れ、ブッダの前に跪《ひざまず》き、教えを請うたのでした。

「どうか……、どうか私に悟りの内容を説き明かしくださいませ……」

この故事には、いったいどのような意味があるのでしょうか。管見を恐れず申し上げれば、おそらく二つの大きな意味があります。ひとつは梵天に代表されるような仏教以前からあるインドの古い宗教が、新しい宗教である仏教を歓迎したこと。そしてもうひとつが、「真実の教えは、自ら求めて初めて身につくものだ」ということを、梵天が身をもって人間たちに教えたということです。

この『般若心経』には、実は仏教が成立したばかりの頃、真実の教えを人々がどのように受け入れられたのかを辿るように、まさに大乗仏教というまったく新しい教えが、それと同じように伝わり弘まることを願って、梵天の役柄をシャーリプトラに担わせたと理解されるのです。

どれほど大切で貴重なものでも、本人が必要としなければ、何ごとも身につくものではありません。まさに仏の教えも同じ。〈求めよ、さらば与えられん……〉その原理は人類に共通する特性なのでしょう。

第七話　言語習慣の陥穽《かんせい》

◆【色《しき》不《ふ》異《い》空《くう》　空《くう》不《ふ》異《い》色《しき》】

（梵）rūpān na pṛthak śūnyatā, śūnyātāyā na pṛthag rūpaṃ

（発音）ルーパーン　ナ　プリタック　シューニャター　シューニャターヤー　ナ　プリタッグ　ルーパム

ことばの鍵

哲学するということは、思考の働きの習慣的な方向を逆転することにあるのです。

（アンリ・ベルクソン La pensée et le mouvant（思考と運動））

いよいよこの『般若心経』にとって、もっとも有名にして、かつ難解な部分の説明に入ります。それは、存在（色）と本質（空）の関係とは何かという、きわめて哲学的な問題です。ある意味で、この問題は洋の東西を問わず、長い歴史の中で議論されてきた大きなテーマです。ただし、誤解のないように申し上げれば、『般若心経』は決して哲学書ではありません。哲学という思考の問題の、その先に広がる祈りの世界へ私たちを誘うものだからです。すなわち、存在と本質の関係に問いかけるとき、私たちにとっては単なる思考の働きが、慈悲という救済運動にどのように喚起されるのか、その分水嶺となる箇所と理解したいのです。

いずれにせよ、『般若心経』の説く空とは何か、その意味がここには凝縮されているのですが、そうした空に対する理解を頭の中で考える受動的な思考から、世間へ働きかける能動的な信仰へと反転させる部分と言えます。いわゆるパラダイムシフトです。そうした意味で空とは、決して理屈や理論でわかろうとしても、その真意にたどり着くことは出来ません。前段の〝私たちの苦しみが救われる（度一切苦厄《どいっさいくやく》）〟ための理解へのスタート、それが「色不異空　空不異色」であると気づいたときに、はじめて空の意味が主体者として躍動することになります。

それでは、私たちは普段頭の中で考えている情報や知識が、いったいどのようなときに感情を揺さぶったり、最終的には身体を突き動かしたりするほどの能動的な力に転換するのでしょうか。その疑問を解くヒントが、右記のベルクソン（フランスの哲学者）による〈ことばの鍵〉なのです。

「哲学を学ぶこと」ではなく、「哲学すること」を学ぶためには、日常における「思考の働きの習慣的な方向を逆転すること」が求められるとベルクソンは主張します。普段の私たちにとって、言葉とは無反省に思い込んでいる意味の集成に他なりません。そうした言葉の意味の集まりが、他人から与えられた情報ではなく、自分自身の経験に基づいた〝自分の言葉〟として、生きた意味に再解釈される瞬間に、私たちは思考から運動を伴った感情へと転換することが可能になるのです。

◆言葉の正体、〝差異〟とは?!

そこで今一度、私たちが本来の生きた言葉を取り戻すために、ベルクソンの言う「思考の働きの習慣的な方向」とは何かを考えてみましょう。

私たちは普段、「これはペンである。これはリンゴである」というように、存在するものや物質的な現象に対して、それぞれ名前を与えています。つまり名前とは、他の異なるものと区別するために、〝違いの意味〟をはっきりさせる役割をもっています。ソシュール（スイスの言語学者）はそこを「言葉とは差異である」と表現しました。ある意味で、この「ものごとの差異を知らせる働き」が言葉の発生とも言えるでしょう。「これはリンゴであって、バナナではない」というように、リンゴとバナナを区別する必要があれば、そこに初めて〝名前〟という言葉が生まれるわけです。逆の言い方をすれば、もしもリンゴとバナナに区別する必要がなかったら、そこには「リンゴ」とか「バナナ」といった名前は生まれないことになりますね。たとえば、熟年の老夫婦があうんの呼吸でお互いの意を汲み合う動作に、もはや言葉はほとんど必要のない場合があることに似ています。

また、これは会話や文字に限ったことではありません。たとえば「赤信号は停止、青信号は進行可能」とか、「正解はピンポン！　不正解はブー！」などというように、色あいや音声の差異が言語化されることによって、世界を成立させているケースもあります。

このように、世に氾濫する名前、知識、情報という言葉の集成は、それぞれが日常行動を成り立たせるための〝差異〟という役割を果たすために存在しているのです。言い方を変えれば、日常を成立させるための〝違い〟の役割を果たす目印は、何でも名前や言葉になり得るということです。

したがって、これはあり得ないことかも知れませんが、たとえば明日から世界中で「この赤い果実をバナナと呼び、あの黄色い果物をリンゴと呼ぶことにしよう！」とか、「赤信号はススメで、青信号は止まれとする！」などと決めて、かつ皆がその約束を見事に守ることが出来るならば、世界は何の問題も無く今まで通りに成立します。いや、あり得ないことでは無いかも知れません。たとえば〝人殺しは犯罪だ〟と当然のように約束されていたことも、死刑が合法化（万人に共有された意味が約束）されていれば、それは〝正当化されるべき殺人がある〟という社会も成立するのですから……。

つまり、名前などの言葉の持つ本来的な性質には、このように個々の名称が他の存在と区別する差異の意味がそれぞれ具わっており、さらにその名前と言葉の意味は、万人によってその都度共有されるものなのです。一方で、自分だけによって勝手に付けられた名前や意味は、他人と共有が出来ませんから、それは言葉ではなく、単なる音声ということになりますね。こうした言語に関する特徴が、まさに言葉の正体と言えます。

◆言葉の習慣性が誘導する〝落とし穴〟

ところが、言葉にはこうした本来的な性質があるからこそ、そのため必然的に陥る習慣的な過失もあるということを、私たちは知らなければなりません。それが言葉のもつ〝意味の凝結〟です。いわゆる、ものごとに対する概念の固定化であり、定義づけといっても良いでしょう。名前に定まった意味を与えるという、言葉にとって避けることができない宿命的な方向性です。

たとえば「愛」という言葉の意味を調べますと、『広辞苑』には次のように定義されています。

①親兄弟のいつくしみ合う心。
②男女間の、相手を慕う情。
③かわいがること。
④めでること。
⑤愛敬。
⑥愛欲、愛着。
⑦キリスト教で、神が自らを犠牲にして人間をあまねく限りなくいつくしむこと。
⑧愛蘭（アイルランド）の略。

たしかにこれらは、万人にとって共有されるべき「愛」の定義と言えるでしょう。しかし、実生活の経験における私たちの知っている「愛」には、定義には納まりきれないほどの多種多様な形があるはずです。実際、生きた「愛」の意味を問うならば、百人百様ではないでしょうか。男女間ではない形で相手を慕う愛もあれば、憎しみや恨みの形をとった愛もあり得ます。(『広辞苑』ではキリスト教の愛だけを記述している点が残念なのですが、)仏教的には、修行を妨げる執着の「愛」、悟りから遠ざかってしまう迷妄なる心と定義する「愛」もあります。

要するに万人に共有され、定義された言葉とその意味とは、お互いにその差異が共感し得る〝ひとつの情報〟に過ぎないわけです。その場その時に用いられる言葉が、みずみずしく実感できる意味として、自己のフィーリングと完璧に一致させるためには、自らの経験と感性というフィルターを通して言葉を分解し、再構築させる作業が必要なのです。実はその〝言葉の分解と破壊〟という大切な作業を担うのが、『般若心経』の意図する「空」や「無」といった否定語なのです。

言葉の習慣性とは、実に恐ろしいものです。私たちは言葉の意味を納得し、いったん受け入れてしまうと、実はもう二度と疑うことも反省することもやめてしまう場合がほとんどだからです。第一、習慣になれば意識などは不要です。それはあたかも、「バナナはバナナ、リンゴはリンゴ。それは考えなくても当たり前でしょ!」と最初から最後まで決めつけてしまう……。本当は見たことも聞いたこともない「リンゴバナナ」という新品種の果実かもしれないというのに、「これはリンゴに決まっている」と、眼前の存在に向かって疑問も推論も差し挟もうとはしません。これが〝当然と思い込む習慣性〟、つまりベルクソンが指摘する「思考の習慣的な働き」というものです。仏教では、この言語のもつ習慣性の落とし穴を「戯論《けろん》(プラパンチャ:prapañca)」と呼んで警告しているのです。

◆知ること、考えること、そして祈ること

このように、『般若心経』において主張される「空」の意味を知るためには、第一に言葉の習慣性という恐ろしい落とし穴を理解することが必要です。これこそ私たちの日常の無反省な思考に警鐘を鳴らす「戯論（プラパンチャ）」という考え方なのですが、では、どうしてこのような言葉の習慣性について、反省を試みようとする発想が、一連の般若経経典群の中で登場したのでしょうか？

その答えのひとつが、アビダルマ仏教が陥ったこの〝落とし穴〟です。初期仏教以来、ブッダの説かれたその教えについて、言葉の研究が進めば進むほど、部派仏教の学派ごとにアビダルマとして概念化され、定義づけられてきたわけです。するとその結果、仏教の教えそのものが、意味によって固定化され、いい意味でも悪い意味でも学派という集団に共有されるべき定義が緻密に積み上げられていきました。五位七十五法をはじめとするアビダルマ仏教の確立です。

これはあくまでも私の想像に過ぎませんが、おそらくは紀元前後の頃から、ブッダの生きた言葉を知りたい、みずみずしいブッダの声を学びたいという純粋な願いが、大乗仏教というううねりの中で、自然発生的に起きてきたのではないでしょうか。

身近な言葉で見てみましょう。英語という言語は素晴らしいなあと実感することがあります。たとえば「知る」という動詞には、see, find, know, get, understand, realize など、実に多彩に使い分けているからです。ただ知っていることや、見つけたことから、経験して理解できること、さらにリ

アル（現実）なものとして実感する知まで、上手くその差異を使い分けてニュアンスを伝えることが出来るのは、日本語にはない英語の優れた特性と言えるでしょう。

一方で、日本語も凄いと感じるときがあります。たとえば雨の名前ひとつとっても実に多種多様です。春時雨《はるしぐれ》、小糠雨《こぬかあめ》、虎が雨、翠雨《すいう》、喜雨《きう》、白雨《はくう》、秋霖《しゅうりん》、氷雨《ひさめ》、片時雨《かたしぐれ》、村時雨、横時雨……。まさに日本語の面目躍如といったところです。上述したように言葉とは、その意味の違いを伝えるために生まれるものです。たとえひとつの「雨」という事象であっても、名前が違うということは、これらの雨には、それぞれ違った意味があることを指します。日本人にとって、「時雨」と「夕立」は断じて異なるわけです。日本人の自然現象に対する深い観察眼がうかがえる好例です。他の言語には、そこまでの感性は無いかも知れません。

このように、物や出来事に対する名付けと意味付けは、その土地に住む人間の生活に即したものとして生まれ、受け継がれているのですが、その結果、言葉はその役割を果たしながら概念化の方向性、つまり定義づけという安易な道をたどることになります。

そこで私たちは、概念化された物や出来事について、それをいったん知ってしまうことによって、〝わかったつもり〟になってはいないでしょうか。ときに「洒涙雨《さいるいう》」と名付けた古人の気持ちを追体験する手間ひまを現代人は怠ってはいないでしょうか。

本来、言葉の正しい意味を正しく自分のものにするためには、言葉の成り立ちについて「知って学ぶ」→「考え推論する」→「思い遣る」というプロセスがあり、さらにそれを可能にさせる他者への寄り添いと想像力が必要だったはずです。しかし私たちは日常、言葉の役割を安直に果たしてしまうと、言葉の奥底に潜む真意を知ろうとするような〝面倒な思い遣り〟を省略してしまう習慣性があるのです。雨に異なる名前を付けた古人に、「ああ、これで畑が潤う」とか「遣《や》らずの雨か……」といった心の機微があったように、大乗の仏教を信じる当時の人々にも、ブッダの生きた言葉によって救われたいと願う、一人ひとりの切なる祈りがあったはずです。

◆習慣性を破壊する「空」

おそらくは紀元前後に大乗の教えを信奉した人々にとって、開祖ブッダの心に少しでも近づきたいという強烈な信仰があったものと思われます。しかし、そのためには眼前にあるアビダルマ仏教が構築した巨大な城壁のごとき価値観を破壊し、その城郭の奥底に護られていた仏教本来の感性を取り戻す必要がありました。基本的に『般若心経』の説く「空」や「無」には、そんな破壊力を秘めた強い否定の意味が込められているのですが、この絶え間ない否定の繰り返しによって、人々は習慣性や教義のシステムに押しつぶされない〝仏教の初心〟を生きようとしたのでした。

ところで、「空（シューニャ）」あるいは「空性（シューニャター）」の意味については、以前に「五《ご》蘊皆空《うんかいくう》」のところで申し上げたとおり、もともと「膨れあがった」「中身が空っぽの」「欠如した」という形容詞、および名詞として用いられますから、空とは「すべてのものはそれ自体固有の本質を欠いている（サルヴァダルマター・ニヒスヴァバーヴァ：sarva-dharmatā niḥsvabhāvaḥ、一切法無自性《むじしょう》）」ということです。

繰り返しますが、日常の私たちの意識は、残念ながらほとんど習慣的に思考する戯論に終始しています。見るもの聞くものがすべて新鮮に感じる子どもとは違い、大人になればなるほど、無反省な意識の運動に流されるまま、ものにはそれぞれ固有の本質（スヴァバーヴァ：svabhāva、自性）があると考え、確立した概念の言葉を用いてコミュニケーションを成立させています。それは、たとえ王様（＝存在）が裸の姿（＝空性）であっても、周囲（＝私たち）はいつも立派な衣装の姿（＝実体、自性）でいるはずだとの思い込みに似ています。したがって、私たちが日常で理解するどのような概念であろうとも、それは本質的な実在ではなく（無自性）、真相は単なる名称にすぎないと気づかせてくれる〝目覚めの喝《かつ》！〟が必要になります。その役割を果たす否定語が「空」です。

◆本質が無いからこそ成立するこの世界

誰であっても、人は何かを失うことに不安を覚えるものです。それが物であれ、精神的なものであれ、人生では何らかの安心できるよるべや、いつも変わらない納得できる答えを手に入れるために、私たちは日々奔走しているからです。したがって、もし自分をとりまく存在や出来事に、実は何らの本質や実体（自性）も無かったのだと知ったとき、それはまるで海鳥が羽を休める場所を失ったように、底知れない戸惑いに襲われるかも知れません。しかし『般若心経』は、あえてそこを告げるのです。変化することの出来ない本質や実体（自性）が無いからこそ、この世界は生滅変化が可能になるのだと。

そこで「色不異空　空不異色」の部分について、その現代語訳を示しておきましょう。ちなみに梵本では、この語の直前に「色即空　空即色」という一文がありますが、玄奘《げんじょう》はそれを省略していいますので、今はそれを含めた形で紹介しておきます。

この世においては、物質的現象には実体がないのであり、実体がないからこそ、物質的現象で（あり得るので）ある。

実体がないといっても、それは物質的現象を離れてはいない。

また、物質的現象は、実体がないことを離れて物質的現象であるのではない。

（中村元・紀野一義訳註『般若心経・金剛般若経』）

何やら少しむずかしく感じられる方のために、ここはひとつ、道元禅師も用いた具体例を紹介してみましょう。『正法眼蔵』「現成公案《げんじょうこうあん》」にある薪の喩えです。

そもそも物質的現象が変化するとは、いったいどういうことでしょうか。

たとえば目の前に薪があり、そこに火がついて炎となり、やがて灰に帰するといった出来事があったとします。もしも薪に永久不変の実体である〝まき〟という本質（自性）が具わっているならば、たとえ炎全体に包まれてしまっても、私たちはそれを〝ほのお〟と呼ばずに〝まき〟であると考えるはずです。そしてその炎が燃え尽きて灰になった場合、私たちはそれを見て〝はい〟と呼びます。決して灰に向かいながら〝まき〟とも〝ほのお〟とも名付けることはありません。

薪から炎、そして灰へ……。これら一連の現象は、ただひとつの存在物が変化した姿にすぎません。

もしもそれぞれの存在に固有の実体（本質、自性）があるならば、私たちは白い灰を指して、「これは薪と呼ぶにふさわしい」と考えるはずです。でも私たちは、決してそうはなりません。なぜでしょう？　つまりこの世界は、「すべてのものは、それ自体固有の本質を欠いている（サルヴァダルマター・ニヒスヴァバーヴァ：sarva-dharmatā niḥsvabhāvaḥ、一切法無自性）」からです。これが「空」の世界です。そして「空」だからこそ、この世界は成り立っていると考えられます。それはちょうど、私たちの未来には何ら定まったものがないからこそ、人生には無限の可能性がひろがっていることと同じなのです。

第八話　色即是空の世界

◆【色即是空《しきそくぜくう》　空即是色《くうそくぜしき》】

（梵）　yad rūpaṃ sā śūnyatā, yā śūnyatā tad rūpaṃ.

（発音）ヤッド　ルーパム　サー　シューニャター　ヤー　シューニャター
タッド　ルーパム

（意訳）およそ何であれ、いろかたちがあるもの（色）であれば、それらすべて実体のない性質をもつもの（空性）である。
およそ何であれ、実体のない性質をもつもの（空性）であれば、それらはすべていろかたちがあるもの（色）である。

ことばの鍵

〔空性を本質とするこの世界は〕
生きた体験として実感の上で確実に掴まれた世界である。（中村元の言葉から）

さて、この「色即是空　空即是色」は、この『般若心経』の代名詞といっても良いほど、よく知られた経文《きょうもん》ですね。ただ、周知されていることと理解されていることは別問題でしょう。そこで多くの方に、納得のいく理解が及ばないために、『般若心経』への挑戦をあきらめてしまう場合もあるようです。事実、私とてお経を唱え始めてから半世紀、仏教書の読解に挑戦を始めて四十年になりますが、いよいよその理解は混迷を深めるばかりです。また実際に書店の仏教書コーナーに目を向けると、実にさまざまな「色即是空」の解釈が氾濫しています。中にはトンデモ訳まで見えますね。しかし、だからこそ「色即是空」に対する理解は、その状況でも良いのだと思われます。なぜなら「空」とは、すべてにとらわれないこと、自由であることを真に理解するためのスタートだからです。まずはあらゆる見解を排除することなく、すべてを疑いながら、ひとつずつ吟味することが大切です。そこに迷いがあって良いのです。

もっとも避けたいのは、主観的判断からの脱却に無反省となる態度です。つまり「色即是空とはこの意味だ！」と終始、思案することを放棄して結論づけてしまうことが危険なのです。おそらく自己の見解でも、過去と現在で受けとめ方が違うこともあるでしょうから。

かの中村元先生も、この点について次のようにおっしゃっています。

「言葉によって説明しようとすれば前段〔の空の説明〕に全く同じであるが、生きた体験として実感の上で確実に掴まれた世界であるから、第二段〔の色は空にほかならず、空は色にほかならない〕と

は、千里を隔てている」（中村元・紀野一義『般若心経・金剛般若経』岩波文庫、一二六頁）

つまりその人物の経験が理解を大きく左右する、というわけです。換言すれば、理屈によっては理解に遠く及ばず、経験がなければ辿り着けないということです。だからこそ、さまざまな解釈があって良いのです。大工の棟梁が考える「建築とは何か」という本質論、ピアニストの感じる「音楽の起源は何か」という本質論、哲学者の受けとめる「人間はいかに生きるべきか」という本質論、過去とは異なる今の私が実感する「私とは何か」という本質論……。そこにはさまざまな体験と知識の積み重ねがあり、だからこそ、そこにしかない存在と言語の交錯する接点があり、「色即是空」という本質論の視野が開かれるのです。

◆体験する「空」――『小空経《しょうくうきょう》』ふたたび――

ことばの鍵

モーガラージャさんが尋ねた。〔中略〕「どのように世の中を観察すれば、死の悪魔から逃れることができるのでしょうか？」

〔そこでブッダが答えた。〕
「いつもよく気をつけ、自分が自我にこだわる見方を打ち破り、世のものごとは空なるもの（実体のないもの）と観よ。
そうすれば死〔の苦しみ〕を乗り越えることができるであろう。
こうして世の中を観る人を死の悪魔は見過ごすのだ。」

（『スッタニパータ』第一一一八〜一一一九偈（抜粋））

したがって「空」の哲理には、経験に基づいた言葉の理解が求められます。その人の体験から発せられるメッセージになったとき、はじめて「空」は人間の根本苦である死の恐怖でさえ乗り越えることができるのだと励ますのです。それが〈ことばの鍵〉に見るブッダの言葉です。長い仏教史において、あらゆる困難や苦しみに立ち向かった人々の多くが、みなこの『般若心経』を唱えてきたという事実は、これを裏付けるものです。

ところで、前回で申し上げた通り「空」の原語、シューニャ（śūnya）のシュー（śū）とは〝膨れあがる〟という動詞で、そこからつくられたシューナ（śūna）という語にもとづいています。つまりシューニャは、元来まるくなった袋や、ふくらみのある瓶のような〝中を欠いているもの一般〟を指した言葉です。したがって多くの仏教辞典では「空」について、あらゆるものは固定的な実体（仏教ではこの本質や実体のことを自性《じしょう》と呼ぶ）を欠いていること、無自性であることと説明されますが、この意味を理解するためには、どうしても〝生きた体験〟が必要です。それゆえに『小空経（チューラ・スンニャッタ・スッタ）』（「中部」一二一）のように、初期仏教における「空」は、観法のひとつであり、実践するべき教えとして示されました。その概略と意訳を実際に紹介しましょう。

ある時、ブッダはサーヴァッティー（舎衛城《しゃえいじょう》）のミガーラマーター（鹿子母講堂《ろくしもこうどう》）に滞在していらっしゃいました。するとそこに夕方の坐禅を終えたアーナンダ（阿難陀尊者）が近づき、師ブッダに空の境地とはどのようなものかを質問するのでした。

ブッダは、あるひとつのもの（注意を向ける対象）へと心を傾け、次第にその心と対象とが合一されていく作法を説きました。


「この鹿子母堂の中には、象や牛や馬や騾馬《らば》がいるわけではない（＝空である）。

金や銀があるわけではない（＝空である）。

女と男の語らいがあるわけではない（＝空である）。

ただ、出家者たちによる修行の瞑想だけは、ここにある（＝空ではない）。

これが「空であるものの想い」である。

同じように、この広大な大地に想いを専念するとき、そこに住む人の不安は消え失せ、高台や低地、川の淵、切り株や刺だらけの藪、山の崖などの姿が消え失せる（＝空となる）。

こうして彼は、そこには全くないそのものによって、そこをまさに空であると見る。それでもなお、まだそこに余ったもの（空じきれないもの）があるとき、その在るところのそれを、「それはある」と知れ。
アーナンダよ。観察する彼にはこの如実で転倒がなく、清浄《しょうじょう》なる空性《くうしょう》が顕現し存在しているのだ」

こうして、繰り返して自己の心を見つめ鎮《しず》めながら、ささやかで身近な観察から始め、次第にひろく世間を見渡す瞑想によって、あらゆる苦しみを滅しようとしたわけです。つまり、ある場所（A）にあるもの（B）が存在しないとき、そこ（A）はそれ（B）について、空であると観察します。しかし、それでもなお、そこ（A）にまだ何らかの〈余ったもの〉があるとき、在るところのそれ（B）を、「それはある」と正しく知ることが空の観法とされるのです。

阿羅漢の悟りを開いてもなお、不安をかかえるアーナンダに向けて、ブッダは次々に本来は存在しないはずの他の観念が消えゆく空の本質とその観法を鹿子母講堂から大地へ、大地から悟りへという最高の境地にステージアップさせながら説明します。アーナンダは大いに歓喜して礼拝するのでした。

◆ガンジス河の泡沫《うたかた》をみよ ―色から空へ―

このように、『小空経』にあらわれた空観の流れを汲む歴史が、やがて大乗仏教における瑜《ゆ》伽《が》行《ぎょう》唯《ゆい》識《しき》学派や如来蔵《にょらいぞう》思想といった形で受け継がれていくわけですが、そこにはおそらく仏教教団の内や外にあって、ヨーガを実践する瑜伽師と呼ばれる大きなグループがあり、その思想的影響がかなり早い段階からあったと見るのが妥当なようです。つまり初期仏典であれば、それはブッダの思想に近いものという過信に陥らないことも肝要です。またその一方、あるいは互いに影響し合う形で、空が縁起の教えとともに体系的に理論化される流れがありました。彼らは一連の般若経典を生み出し、やがてナーガールジュナ（龍樹《りゅうじゅ》）による『中論』へ結実することになります。

したがって空、もしくは空たること（空性）の思想については、歴史的にどの部分に基づいて理解を深めるかで、この『般若心経』の解釈は異なってくるわけです。すでにインド仏教史において数多の学派があり、さらに中国仏教史においても、百花繚乱のごとく各宗派が「空の本義」を唱えています。日本仏教の各宗派でも空の解釈は大きく異なりますね。

そこでまた、〈困ったときにはブッダに尋ねよう！〉という姿勢に戻ることにしましょう。

あるとき、ガンジス河のほとりで坐禅をしていらっしゃったブッダは、かたわらの仏弟子たちに次のように説法されました。

「ガンジス河に浮かぶ、あのたくさんの泡沫《うたかた》を見よ。誰が見てもそれらは見かけだけの通り、中身は虚《うつ》ろで本体がないことを見抜くように、私たちの肉体（＝色、いろかたちあるもの）は、見せかけだけのもので、本来は無我（無実体）で本質が欠けているということを観察すべきである……。」

この初期仏典にみられる比喩は、これ以上の解説が無用なほど、見事に「色即是空」の意を表現しています。実際、この泡沫の説法は、『雑阿含経《ぞうあごんぎょう》』の第十巻をはじめ、『五陰譬喩経《ごおんひゆきょう》』、『水沫所漂経《すいまつしょひょうぎょう》』などにも頻出する詩句です。ガンジスの河の流れを人生という時間の経過とみるならば、水面を漂う泡沫は、私たち人間の姿に似ているのかも知れません。とかく人間は、自己の容姿や性格について、あたかも実体があるかのように、あれこれとこだわり、ときに悩むものです。しかし、ひとつひとつ丁寧に観察してゆけば、瞬時に生滅《しょうめつ》変化してゆくものであることに気づかされます。

同様に他の「般若経」によれば、夢、鏡中像、響《こだま》、陽焔《かげろう》、色彩、幻師《げんし》（手品師）、変化身《へんげしん》（仏が化作する身体）、蜃気楼《しんきろう》、旋火輪《せんかりん》、露、幻、雷光、雲、波紋など、ありとあらゆる譬えをもって、まるで泡沫であるかのように、世界のすべての真相は空なるものと看破しています。

◆無花果《いちじく》の林に入りて

ことばの鍵

無花果の林に入りて、花をもとむるとも、得ることとなし（『スッタニパータ』蛇の章）

さて、あらゆるものに実体のないことをいかに知るべきか、その実例を仏典から紹介してきましたが、個人的にはこのブッダの無花果の譬えをいつも想い出します。

私が幼いころ、父が植えてくれた一本の無花果の木。季節になると樹果が熟れて、庭じゅうに甘い香りが漂います。さぞやこの匂いにふさわしく、美しい花々が咲き誇っているのだろうと見渡しますが、どこにも花（イデア）は見当たりません。『スッタニパータ』の第五偈の言葉です。

「無花果の樹林の中で花をさがしても見つからないように、もろもろの存在の中に堅実な本質（実体、サーラ：sāra）を見出さない〔ことを知った〕修行者は、この世とかの世をともに捨てる（＝輪廻を離れて悟りを得る）。あたかも蛇が脱皮して、ふるい皮を捨て去るように……」

絶え間なく時が流れゆくこの無常の世界にあって、永遠に変わらないものはひとつもありません。ただ、多くの人はそのことを理屈では知っているはず。しかし、それでもなお求めてしまうものなのです。

花のないところに花をもとめる……。それは、あり得ないことの中に、ありもしない妄想をもとめるような態度にも似ています。自由に生きたくて、そのくせ孤独にはなりたくない（中島みゆき「風にならないか」）と考えてはいないでしょうか。あるいは相手に憎しみを抱いたままで、世界の平和を願ってはいないでしょうか。そんな思いが、ふと脳裏をよぎるとき、「ああ、無花果の林に入りて、花をもとむるとも、得ることなし」と気づかされるのです。それは、たとえ仏であっても、例外なく真相は実体のない（アサーラ：asāra）ものと知るべきなのです。

◆空はニヒリズムか？

古来インドでは、すべてのものには実体がないと説く仏教は、空論者（シューニャヴァーディン：śūnyavādin）として虚無主義者（ニヒリスト）の烙印を押されてきました。近現代の西洋でも、その傾向は同様です。しかしもちろん、これは大きな誤解です。

かつて福音書をなぞりながら、シモーヌ・ヴェイユ（一九〇九～一九四三）はこう告白しました。

「神に祈る、人々から離れてひそかに祈る、というだけでなく、神は存在しない、と思いつつ祈る。」

（S・ヴェイユ『重力と恩寵』）

実際に神は存在しないのではないか、という現実に直面しながらも、その存在しない神に祈り続ける……。これは、キリスト教における懐疑と信仰の姿として、深く受けとめられるべき名句です。表面的には、「神が存在しないとの疑いは、信仰の至らなさである」と批判されることもあるでしょう。しかし、一見矛盾に満ちたこの告白文には、浅薄な論評など問題にしないほどの奥深さと暖かみがあります。むしろ、そこに人間に対する神の救いがあるのではないかとさえ感じます。

誤解を恐れずに申し上げれば、ある意味で仏教もそれは同じと考えたいのです。「仏とはこのようなものである」「仏の教えはこれが正しい」と、私たちは常にその都度判断します。迷うことより、その方が安心するからです。しかしそれは、仏から自由を奪い、仏の御命《おんいのち》を殺していることになってはいないでしょうか。これに通底する話として、臨済義玄《りんざいぎげん》禅師（?～八六七）による凄みのある言葉も思い出されます。

「仏に逢うては仏を殺し、祖に逢うては祖を殺せ」（『臨済録』示衆《じしゅ》）

ここには、他人から与えられた〝借り物の仏〟〝借り物の祖師〟ではなく、自己の構築した本当の〝生きた仏〟〝生きた祖師〟に出会いなさいとの臨済禅師の慈悲心があふれています。つまり、仏教で説く空の教えには、真実に近づくための大きなヒントが隠されているのです。要するに、それは言葉が言葉通りではないところ、存在は存在する通りにはないところに真実があるということです。またルートヴィヒ・ウィトゲンシュタイン（一八八九～一九五一）の言葉を借りれば、今起きている事実とその存在を前に、私が思惟する言葉には限界があることを物語ります。

「語りえぬものについては沈黙しなければならない」（L・ウィトゲンシュタイン『論理哲学論考』）

言葉は言葉自身を破壊し（＝空じる）、存在は存在する姿を一変させる（＝空じる）ところに、沈黙する真実の世界がひろがっています。しかし、たとえそれが絶句するほどの感動の場面でも、人は心を落ち着け、言葉をととのえて歌を詠むものです。人は人であろうとする限り、どこまでも自らの言葉の可能性（あきらめない思考の挑戦）を信じているからです。沈黙と否定―。それは理念の範疇にとどまっていた言葉が、実在する存在の世界に近づき、何かを生み出すためにはたらく宿命的なプロセスなのです。

◆丹霞天然《たんかてんねん》の焼仏―空から色へ―

その昔、唐代の禅僧の丹霞天然禅師（七三九～八二四）が、河南省の東京《とんきん》にある慧林寺《えりんじ》を訪れたときのことです。

その日は身も凍るほどの寒い日で、命さえ危ぶまれました。そこで何か暖をとるものはないかと堂内を探しますが、何も見当たりません。仕方なく丹霞禅師は、仏殿から木彫りの仏像を持ち出すと、なんとそれを焚きつけにして体を温めはじめました。

それを見つけた寺の者が、「仏を焼くとは何ごとか！」と烈火のごとく批判します。すると丹霞禅師は、手にしていた杖で燃え尽きた灰をなにやらまさぐっています。「いったい何をしているのか」と尋ねると、「お舎利を拾おうとしているのだ」と答えます。舎利とはシャリーラ、つまり仏の遺骨のことです。そこでその者が、「木の仏像に舎利などあるわけがないだろう！」と反駁します。するとまた丹霞禅師も、「お舎利のない仏さまなら、ただの薪と同じ。私を責める理由もなかろう」と話すのでした。（『景徳伝燈録』巻一四、丹霞天然章から意訳）

『正法眼蔵随聞記《しょうぼうげんぞうずいもんき》』によれば、これは道元禅師も紹介している大切な公案です。もちろん日常において、仏像を燃やすとはもってのほかのこと。むしろ丹霞禅師は行持《ぎょうじ》綿密にして厳格に戒律を貫くことで知られた名僧です。しかし、この日に禅師が直面した赤裸々の現実は、木像の仏を拝むことではなく、暖をとって生命を守ることこそが、真実の仏法に他ならなかったのでした。

このように、仏教は信仰の対象である仏でさえ、実体がない〈空なるもの〉と説く教えです。しかし、だからこそ儚いこの世にあって、仏の御命《おんいのち》を永遠に生かすことも出来るのだと、この公案によって気づかされます。まっさらなキャンバスでなければ絵を描き始めることが出来ないように、諸行無常の実体のない世界でなければ、仏の御命を吹き込むことも出来ないからです。

花のない木や、枯れゆく花の存在を知っている人のみが、花が咲く本当の喜びを知っているもの。否定や疑いの経験を一度もすることなく、敬虔な祈りに辿り着くこともできないでしょう。「色即是空、空即是色」の教えは、実は私たちの日常に〝本当の喜び〟を教えるために、投げかけている〝ブッダからのメッセージ〟なのです。

第九話　二人の絵師

◆【受想行識《じゅそうぎょうしき》　亦復如是《やくぶにょぜ》】

（梵）　evam eva vedanā-saṃjñā-saṃskāra-vijñānāni.

（発音）エーヴァン　エーヴァ　ヴェーダナー　サムジュニャー　サムスカーラ　ヴィジュニャーナーニ

（意訳）〔色即是空　空即是色と〕まったく同じように、〔心の中に現実の出来事やものごとを〕感じて受け入れるはたらき（受）・イメージするはたらき（想）・心を傾けて意志を抱くはたらき（行）・認識して判断するはたらき（識）〔の五蘊《ごうん》すべては実体がない空であり、また空だからこそ五蘊である〕。

このたびは、前回の「色即是空　空即是色」に続く一文から始まります。つまり、私たちをとりまくこの現実世界は、すべてが「色《しき》（ルーパ：rūpa）」という〈いろかたちのあるもの〉で満たされていますが、ところが、実際にはこれらのすべては、まるで水面の泡沫のように中身の実体を欠いた「空なるもの（シューニャター：śūnyatā）」と看破《かんぱ》したのでした。また同時に、実体を欠いた「空なるもの」だからこそ、「いろかたちあるもの」として成り立っているのだと説く、その教えが「色即是空空即是色」の対句だったのです。

したがって人間が認識する外界に属する「色」が「空」である事実とまったく同じように、認識の内界に属する心のはたらきの四段階、つまり受・想・行・識も実体を欠いた空なるものであり、それゆえにこそ、受・想・行・識もこころのはたらきとして成り立つことになります。

このように、以下の四句が「亦復如是」として省略されているわけです。

受即是空　空即是受
想即是空　空即是想
行即是空　空即是行
識即是空　空即是識

こうしてこの自然界に〈いろかたちあるもの〉として出現したものは、「星のきらめき、眼中の翳《かげ》、ゆらめく灯火、うつろう幻、はかない露、はじける水泡、ささやかな夢、一瞬の電光、ただよう雲のようなもの」（『金剛般若経』）と受け止めて感受し、イメージし、それを名前や意味としてととのえ、判断分別するという心のはたらきの流れこそが、空の観察といわれるものです。

それではさっそく、この「亦復如是」を理解するために、〈ことばの鍵〉を用いましょう。

◆ふたたび、ガンジスの河辺にて

ことばの鍵

また魔法使いが、大通りで魔法を使っていろいろなことをやって見せているが、見ている人には、それに必ず仕掛けがあり、すべて見かけだけで実体がなく、本物ではないことを見抜くことができる。私たちの意識も、そんな魔法のようなものと観察しなければならない。

（『雑阿含経《ぞうあごん》』一〇・一〇泡沫）

この言葉は、前回取り上げた『雑阿含経』の「泡沫のたとえ」に続く箇所から引用したものです。ガンジス河のほとりで坐禅をしていらっしゃったブッダは、かたわらの仏弟子たちに向かって、次のように説法されたのでした。少々長文ですが、ブッダの言葉をそのまま意訳して紹介します。

「ガンジス河に浮かぶ、あのたくさんの泡沫《うたかた》を見よ。

〔誰が見てもそれらは見かけだけの通り、中身は虚《うつ》ろであることを見抜くように、私たちの肉体（＝色、いろかたちあるもの）は、見せかけだけの空なるものと観察しなければならない〕

さらに毎年、秋になれば大雨が降るだろう。そのときには水面に多くの泡が立つ。見る人はそれが見かけだけで、中身は空っぽで本体がないことを見抜くものだ。まさにそのあぶくのように、私たちの抱く感覚（受）もうわべだけのもので、もともと本体がなく、実体などないことを私たちは観察しなければならない。

また、夏の終わりのころには、真昼の日光にかげろうが立つ。このかげろうを見て誰もが実は本性がなく、姿も形もないことを見抜くものだ。私たちの抱くイメージ（想）は、まさにこのかげろうのようなものと観察しなければならない。

またこの辺の林には、芭蕉の大木があちこちにそびえ立っている。その芭蕉の樹皮を除いて木材を求めようとしても、その木材を得ることなどできない。ましてや樹心となる髄はどこにもないものだ。しかし、芭蕉には樹心がないものであり、見かけだけで本体（髄）がないものであることを人は誰でも見抜いている。私たちの抱く意志（行）も、その芭蕉の木のように本性は存在しないものであることを観察しなければならない。

また魔法使いが、大通りで魔法を使っていろいろなことをやって見せているが、見ている人には、それには必ず手品として仕掛けがあり、みんな見かけだけで実体がなく、本物ではないことを見抜くことができる。私たちの判断や分別（識）も、そんな魔法のようなものと観察しなければならない。

まさにこうして、この世界を知るための五つの要素（五蘊）は、肉体や物質（色）は水面に群がった泡沫であり、受け止めた感覚（受）はあぶくであり、抱いたイメージ（想）はかげろうであり、胸に刻んだ意志（行）は芭蕉の木であり、判断や分別（識）は魔法の手品である……。そのように了解するべきである」

このようにブッダの言葉は、私たちをとりまく現実世界について、私たちが体験的に理解できるように工夫されています。それは、ふと日常で実感する比喩的な出来事であり、これによって真実を明かそうとする教えなのです。

◆私が見つめる私、あなたが見つめる私……

しかし、そこでひとつの疑問が生じるかも知れません。それは色（肉体・物質）→受（感受）→想（イメージ）→行（意志）→識（判断・分別）という一連の繰り返しによって、私たちはそれぞれの心、つまり自我意識が作り上げられ、またその個々の自我意識が本質のない〝空なるもの〟に基づいて周囲の世界は成り立っているということですから、素直にそのまま考えれば、この世では同じものや出来事を目の当たりにしても、互いの受け止め方、理解の内容は、結局はてんでんばらばらということになります。つまり人間は、いつまでたっても互いに心を分かち合うことができないのでしょうか？

図にすれば、次のようなイメージになるでしょう。

実に当たり前の話ですが、このイメージ図のように、人の数だけ別々の〝わたし（自我意識）〟が存在します。今年の国連の経済社会局によりますと、二〇二二年の十一月には世界の人口が八十億人

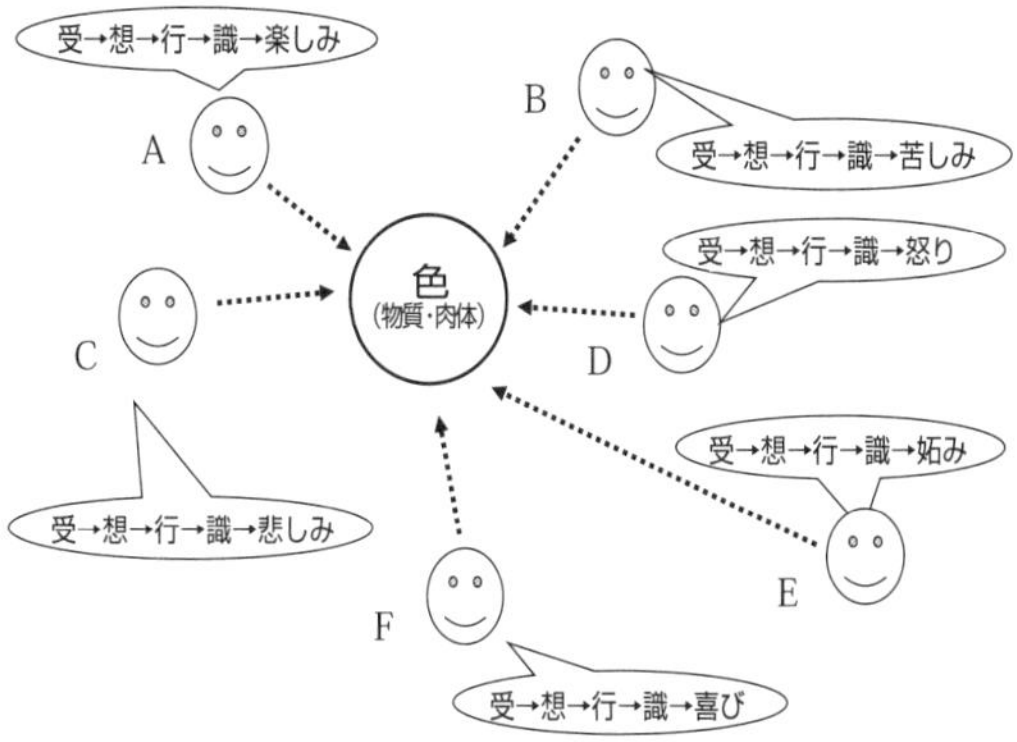

に達しましたので、およそ八十億人分のそれぞれの〝わたし〟が存在することになります。Aさんにとってはさんだけの五蘊がはたらき、Bさんにとってはさんとはまったく異なった五蘊の内容が展開しているはずです。結局、Cさんの認識は、いくら努力してもDさんの認識とは相容れないことになるでしょう。実際、これが日常のいさかいであり、国同士であれば紛争や戦争に発展する要因でもあります。いつでも自分と同じ考えだと思い込んで行動すると、身近なパートナーでさえ思わぬ反感を買ってしまうでしょう。つまり、私が自身を見つめて自覚している私と、あなたが見つめている私の姿とは、同じ私であっても内容は決定的に異なっているわけです。

　でも、こんな別々に存在する「色↓受↓想↓行↓識」だけが真実だとしたら、人間は互いにこころを分かち合うこともできず、あまりに寂しい世界になってしまうのではないでしょうか。そもそも感覚や感情はある程度コントロールして、たがいに忖《そん》度《たく》するにしても、この世で何が正しくて、何が間違いなのかを誰も判別できなくなるかも知れません。

善と悪を分別する〈客観的な根拠〉も失われることにもなります。

それゆえブッダは説くのです。「今のあなたの判断は、必ずしも決まりきったことではありませんよ！　本質は〝空なるもの〟であって、あなたはひょっとしたらかげろうにおびえ、安っぽい手品に驚いているだけかも知れませんよ」と。そのために、人はどうしても共有しあう価値観が必要になってきます。日常生活における判断を正しいものにするため、分かち合えるだけの価値観を何か持っていることが、互いに別個なはたらきを持つ五蘊から、ひとつに重なり合うはたらきへと進化させるポイントになります。その「分かち合える価値観」こそが、宗教の存在意義といえるでしょう。ここでは「仏教の教え」であり、『般若心経』の心がそれに当たります。

ときに神仏を絶対他者と称するのは、神仏から発せられた言葉は、各人の五蘊の内面から沸き起こった存在ではなく、各人にとって客観的根拠として互いに崇《あが》め、分かち合える存在であることを意味しています。しかも一個人によって揺るぐことのない存在だから〝絶対〟。この分かち合える絶対他者の言葉、信じあえる心があるからこそ、互いに異なった意識を持つ相手を知ろうとする努力が生まれるのです。人として大切なその努力が、「自己の思いを相手に遣《や》る」という「思いやり」です。

◆【舎利子《しゃーりーしー》　是諸法空相《ぜーしょーほうくうそう》】

（梵）　iha Śāriputra sarva-dharmāḥ śūnyatā-lakṣaṇā

（発音）イハ　シャーリプトラ　サルヴァ　ダルマーハ　シューニャター　ラクシャナー

（意訳）〔したがって〕この世においては、シャーリプトラよ！　すべての存在するものには、実体がない（＝空である）という特質がある〔ということを知るがよい〕。

前述の「エーヴァン・エーヴァ（かくして）」との句に導かれ、ここではふたたび尊師ブッダから、シャーリプトラの名が呼びかけられます。この三百字にも及ばない短い『般若心経』において、繰り返しその名が呼ばれている意味とは、いったい何でしょうか。多くの解説書はそれに答えていませんが、私なりにこれを深読みすると、最初に出てきた「舎利子」と、この部分の呼びかけには、ニュアンスの違いがあると見ています。もちろん、繰り返すことによる強調の役割もあると考えられますが、わざわざ繰り返していることには、きっと意味があるはず。でなければ、「亦復如是」のように省略してしかるべきです。

つまり私の意見はこうです。最初の呼びかけの「舎利子」は、仏教が誕生した当初における初転法輪《しょてんぼう りん》での梵天《ぼんてん》の果たした〈仏に教えを懇願する役割〉を、大乗仏教という新しくも本当の教えを説き始めるにあたって、梵天と同様に舎利子に担わせるためではないかということです。

したがって二度目の呼びかけであるこの「舎利子」は、五蘊をはじめとするすべての存在が空なるものと説き明かすためには、そこに〝分かちあう心〟と〝思いやり〟がなければ、ただの空しい理屈が横たわるだけになってしまいます。だからこそ、智慧第一の尊者であるシャーリプトラに、あえて「慈悲のこころ」を呼びかけるニュアンスを孕んでいると思われます。智慧は慈悲と表裏一体であることに、本当の意味が生まれるのです。智慧と慈悲が一つになったとき、はじめて悟りの光に照らされた真実の世界がひろがることになります。

◆「空の教え」で照らされた世界

そこで、二度目の舎利子への呼びかけの意味について、これを理解する〈ことばの鍵〉を次のようにあげておきましょう。

ことばの鍵

仏のたまわく、それ道を見ることは、あたかもかがり火をかざし、暗室の中に入るがごとし。その冥暗はたちまち滅して、ただ明《みょう》ひとり存するがごとし。

（『四十二章経』）

私たちがこの世で見聞きするものが、実は見た通りではない、聞いた通りではないとしたら、それはおそらくニーチェの逸話ではありませんが、昼間でも暗闇に生きていることと同じでしょう。かつて一休宗純《いっきゅうそうじゅん》は、「門松は冥土の旅の一里塚、めでたくもあり、めでたくもなし」と詠いながら、髑髏《どくろ》をぶら下げて正月の家々を廻ったそうですが、現実の真相とは、まさに私たちの気づかない〝すぐそば〟に横たわっているものです。

例えばここに、ひとつの窓のない部屋があるとしましょう。中は真っ暗です。そこへある人が、かがり火を持って入っていきました。すると、たちまち暗闇は消え失せ、明るさだけが部屋に満ち溢れます。

これは明と暗、すなわち智慧と迷妄の関係を指した一つの比喩です。かがり火によって照らし出された部屋は、決して何か中身が変化したり、家具が移動したりしたわけではありません。明かりによって照らされただけです。

真実が存するとは、まさにそうしたものです。手を加えて作り出すものでも、どこか崇高なところから頂くものでもありません。ただ純粋に自己の眼を開いて、ものごとの本質は何であるのかを見抜く……、それが仏教の説くところの智慧です。

ところが普段の私たちは、その智慧の明かりで照らそうとはしません。自己の眼でさえも、あえて開こうともしないのです。なぜでしょう？　その理由ははっきりしています。それは私たちが、自覚をしないままに抱いている三毒によって、眼前が覆われているからです。それゆえ、ものごとを見ようともせず、また明かりで照らそうともしないのです。

むさぼりと不満、怒りと嫉妬、うぬぼれと偏見。これら貪《とん》・瞋《じん》・癡《ち》が迷妄となり、暗闇となって真実の世界が見えていない、つまり気づいていないということです。ですから「空の教え」は、ある意味で眼前に覆われた幕を取り払い、ありのままに真実を照らす〈かがり火〉そのものと言えるでしょう。

◆二人の絵師の逸話

このように「空」の智慧を知るためには、三毒を封じ込める「思いやり」、つまり慈悲の心が必要となります。そこで最後に、シャーリプトラ（舎利子）にまつわる仏典の物語を紹介しましょう。ブッダの信頼がもっとも厚かったと伝えられる彼と、彼の親友である慈悲深いモッガラーナ（目連《もくれん》）の登場する寓話です。

今から二千五百年前のインドでのこと。ブッダと仏弟子たちが、一堂に会して雨安居《うあんご》を竹林精舎《ちくりんしょうじゃ》で過ごされていました。すると修行僧たちの間で、小さな噂話が起きたのです。

『シャーリプトラとモッガラーナは二人ともすぐれた尊者であるが、いったいどちらが智慧で優っているのだろう』

この噂を伝え聞いた尊師ブッダは、シャーリプトラとモッガラーナをお呼びになり、彼らを前にして、次のような不思議な物語をお話しになりました……。

昔、この国にすぐれた二人の絵師がありました。素晴らしい絵を描くと評判の二人は、ある日のこと、じきじきに国王に招かれ、宮殿内の王室にある東西の壁面に、それぞれ壁画を存分に描くようにと命じられます。

二人は、さっそく仕事にとりかかりました。一人の絵師は昼夜を分かたず、懸命に美しい絵を順調に描いていきます。ところがもう一人の絵師は、まったく筆を執ろうとはしません。ただ毎日、布切れで壁を磨くだけでした。いつになったら制作にとりかかるのか……。見張りの家臣は、心配そうにその様子を見守っていました。

さて、いよいよ約束の期限である半年が経ちました。国王は期待をもって王室に入っていきます。するとどうでしょう。東の壁面には、国王の期待以上の秀作が描かれていました。ところが、西の壁面には、一つの点も一本の線も描かれてはいないではありませんか！

「おい、おまえ！　この半年間、何をしていたのか！　聞けばずっと白壁のままで、ただ壁を拭いていただけだと聞いているぞ」

国王はたいへん不満に思い、西壁を担当した絵師の怠慢を厳しく責め立てました。

するとその絵師は、静かに答えたのです。

「国王よ。今、あなた様が立っている位置から、数歩だけ後退してください。そして、その場からもう一度ご鑑賞くださいませ……」

国王は、絵師の言うままに後ずさりをされ、あらためて西の壁を眺めました。するとその時、国王は「あっ！」と驚きの声を上げたのです。なんという立派な壁画でありましょう。もうひとりの絵師によって丹精込めて磨き抜かれた西壁に、東壁の壁画が朝日で映し出されているではありませんか！　実に何とも言い表せない奥深い趣きで、東の美しい壁画が一段と幽玄に輝いて見えたのでした。

この不思議な物語をお話しになったブッダは、こうお告げになります。

「友よ、この意味がわかるだろうか。西壁の絵師は絵筆を持たずに、黙々として西壁の壁面を半年間磨き続けたのであった。

もし東壁の壁画が美しくなかったら、西壁を必死に磨いた絵師の努力は無となる。二人の絵師は互いにその技量を争うのではなく、互いに相手の技量を認めて信頼し、思いやる心を一つにして、より優れた一対の壁画を作ったのである。

友よ、この寓話が解るだろうか。王とは私であり東の壁画を書いたのはモッガラーナであり、西の壁画を書いたのはシャーリプトラである。よき友を得ることは、良き師を得る事である」

第十話　否定と真理

◆【不生不滅《ふーしょうふーめつ》　不垢不浄《ふーくーふーじょう》　不増不減《ふーぞうふーげん》】

（梵）　anutpannā aniruddhā amalāvimalā nonā na paripūrṇāḥ.

（発音）アヌウットパンナー　アニルッダー　アマラーヴィマラー　ノーナー　ナ　パリプールナーハ

（意訳）〔一切の法は、空性という特質を有しているのだから、この諸法は〕生じることがなく、滅することがない。汚れることがなく、汚れないことがない。減ることがなく、増えることがない。

このたびは、ブッダのもとに集まった仏弟子たち（サットサンガ）の中から、ふたたびシャーリプトラ（舎利子）へ呼びかけられた場面の続きです。

シャーリプトラよ！　この世においては、すべての存在には、実体がない空なるものという特質があると知るがよい。
ものごとの真相を明かすこの衝撃的な言葉によって、これから〝六つの否定句〟が導き出されることになります。すなわち、私たちが現実に経験するものごと（色）は、実際のところは自己の内面にある精神のはたらき（受・想・行・識）との深い因果（原因と結果）の結びつきのもとに、縁起として成り立っていることが宣言されたわけです。

では、私たちは日常、そうした自己の認識とどのように向き合うべきなのでしょうか？　見るもの、聞くもの、感じるものが本当の姿ではなく、あくまでも仮の姿だというのであれば、私たちはいったいどのようにものごとの〝本当の判断〟を見い出せばよいのでしょうか？

実はその疑問に対する答えこそが、この〝六つの否定句〟なのだと考えていただくと、この箇所の意図するところが見えてくるはずです。

これら『二万五千頌《じゅ》般若』の第一章などにも登場する否定の警句は、一見して現代人には「これでもない、あれでもない」と、ただ否定するのみで結論のない説明に見えるかも知れません。しかし、この徹底した否定形の表現は、古くはサンジャヤによる懐疑論を、そして大乗仏典においてはナーガールジュナの『根本中論《こんぽんちゅうろん》』の「八不《はっぷ》」を想起させるように、実はインド思想ではおなじみのものなのです。あるいは後に中国では禅宗として展開する「無執着《むしゅうじゃく》」の思想も、あきらかにこの発展系なのです。例えば六祖慧能《ろくそえのう》の「本来無一物《ほんらいむいちもつ》」の教えは、この〝六つの否定句〟に帰着するものと言っていいでしょう。

◆人間は真理にたどり着くのか？

ことばの鍵

〔観察して得た〕或ることを、ああだろう、こうだろう、と考えても、そのものはそれとは異なったものとなる。何となれば、その〔愚者の〕その〔考え〕は、虚妄《こもう》なのである。過ぎ去るものは虚妄なのであるから。（『スッタニパータ』第七五七偈）

それではこの『般若心経』の〝六つの否定句〟を理解するため、まずはその思想的な源流を若干たどってみましょう。「あれか、これか」という相対的な発想については、「虚妄なるもの」として一刀両断のもとに斥《しりぞ》ける表現として、すでにブッダの言葉によって『スッタニパータ』の中に見られます。それがここでの〈ことばの鍵〉です。この教え自体は、同じ『スッタニパータ』の第九偈から一三偈にある「すべてのものは、虚妄である（sabbaṃ vitathaṃ idam.）」というコンテクストを受けて説示されたものと考えられます。すると、どうでしょう。この「虚妄なるもの」を「空性」と置き換えれば、まさにこの表現こそ、驚くことにそのまま「是《ぜ》諸《しょ》法《ほう》空《くう》相《そう》」という語句に相応していると気づいていただけたでしょうか。つまり、一連の般若経典に登場する否定の説示は、決して大乗仏典だけの常套句ではなく、初期仏典の主張を強調したものだったのです。そしてもし、ブッダの「虚妄なるもの」という説示が空性思想の源流だとすれば、「過ぎ去るもの」であるがゆえに虚妄（＝空性）とするのですから、空性の〝根拠〟は「諸行無常」こそにあるのだとわかります。

この点については、後に『中論』の「八不」から考えることにしますが、ここでさらなる疑問を感じるかも知れません。それは、すべてが虚妄であるとすれば、人間はいったいどのように世の中の真理を知ることができるのか、という疑問です。この自己矛盾に満ちた不可能にも思える疑問について、正面から悩んでいた人物のひとりが、歴史的には呼びかけられた人物シャーリプトラ（舍利子）だったことが知られています。

◆「ああでもない、こうでもない……」

「あれか、これか」という敬虔な信仰の態度には、つねに自他に向けられた疑いと批判がともなうものです。なぜなら、そうした求道的な懐疑を経ることなく、自己のものとして安らぎと信念は訪れないからです。したがって、こうした心の葛藤は、むろん宗教のみならず、ひろく人生のさまざまな場面で直面する出来事と言えます。その意味で、仏教はその黎明期において、すでに人生における懐疑的な態度をどのように乗り越えるべきかを議論してきたことを初期仏典からうかがえます。とりわけ「ああでもない、こうでもない」という極めてあいまいな懐疑論といえば、そう、あの「六《ろく》師《し》外《げ》道《どう》」で活躍していたサンジャヤという人物を想起します。

仏教教団の二大弟子となるシャーリプトラとモッガラーナ（目犍連《もっけんれん》）が、ともにかつて尊師と仰いでいたサンジャヤ・ヴァイラティープトラ（Sañjaya vairatīputra、刪闍耶毘羅胝子）は、ブッダとほぼ同世代のインドの思想家です。当時の正統派であるバラモン教の伝統には一切とらわれず、あくまでも自由な思索を行い、ブッダと同じようにシュラマナ（沙門）と称され、ときにバラモン教からは、「ナースティカ（虚無論者）」と呼ばれた自由思想家の一人でした。ややブッダよりも早く出家した修行者で、マガダ国の王舎城に住み、多くの弟子たちを率いていたため、古来「六師外道」の一人と評されています。

サンジャヤによれば、人間にとってあるがままに真理を認識し、説明することは不可能であるとします。人間は真相を何も知り得ないとする、いわゆる不可知論者です。したがって「来世は存在するのか、しないのか」などといった形而上学的な主要問題に対しては、一切確定的な判断を下さず、思考を中止する態度をとりました。要するに懐疑論の立場です。しかしこれはある意味で、万人にとって形而上学的な問題を議論することそのものへの判断中止という態度ですから、古代ギリシャに言うところの「エポケー（判断中止）」なるものを根本教義に据えていたことになります。

彼（サンジャヤ）は「来世があるのか」という問いに対し、次のように答えた。

もしもあなたが「あの世はあるか」と問うた場合、わたしが「あの世はある」と考えたならば、「あの世はある」とあなたに確答するでしょう。しかしながら、わたしはそうしない。わたしはその通りだとも考えないし、それとは異なるとも考えないし、そうでないとも考えないし、そうでないのではないとも考えない。（ディーガ・ニカーヤ『沙門果経』）

このようにサンジャヤは、あらゆる問いかけに対して、まったく同じ答えを述べたということです。たしかに大小や美醜、長短などの相対的な判断は、人によってまちまち。個人の視点によって評価が異なることには充分理解できます。実際、「ある視点から見れば」という相対的な日常の価値観に対する懐疑的な彼のアプローチは、明らかに当時の仏教やジャイナ教の教義に少なからぬ影響を与えていたと考えられます。ただ彼の議論には結論がなかったために、「鰻《うなぎ》のようにぬらぬらして捕らえがたい議論」と評され、彼自身「鰻論者」と揶揄《やゆ》されていました。

さらにここが重要なのですが、「善悪は存在するのか」「たとえ人格を完成させた如来であっても、死後に存在するのか」といった宗教家にとって避けて通れない重要な課題についても、やはり判断を中止する態度を示していました。これは人々に教えを示し、ひとつの思想を構築する上では致命的な限界であり、虚無主義（ニヒリズム）に陥る可能性を意味するものです。

やがてシャーリプトラとモッガラーナは、二百五十人の弟子とともにブッダに帰依し去っていきます。二人は彼にもブッダの弟子になるよう勧めたのですが、「私にはすでに多くの弟子がいる。私が仏弟子になるというのは、まるで瓶が瓶の姿のまま、他の瓶のつるべになれというようなものだ！」と拒否します。去りゆくシャーリプトラの後ろ姿を見て、悔しさのあまり吐血したと伝えられます。

◆ニヒリズムを超えて

その一方でブッダの説く教えには、そうした虚妄に満ちた相対論を乗り越える〝ゆるぎない真理〟が込められていました。そのことをナーガールジュナ（龍樹）は、次のように説明します。

「〈よこしまに執着（妄取）されたもの〉は虚妄である」と世尊は説きたもうた。そうしてすべて形成されたもの（行）はよこしまに執着された存在である。ゆえにもろもろの形成されたものは虚妄である。

もしもこの妄取されたものが虚妄ならば、そこでは何が妄取されるのか。

ところで、このことは世尊によって説かれているのであり、〔これは〕空であること（空性）を明らかにするものである。」（『中論』第一三章、第一、二偈）

つまり、私たちが経験して、「たしかにその通りだ！」と思い込んでいても、実は事実とまったく異なっていたということはありませんか？　自分では夕焼けは赤いと思っていても、傍らの愛犬にはグレーに染まる夕陽が常識なのかも知れませんし、自分にとっては大好きな音楽が、他人には騒音にしか聞こえないこともあります。この点でサンジャヤの言う通り、個別の判断や分別は〝どの視点から認識するのか〟という基準に依拠しています。しかしブッダもナーガールジュナも同様に、実は誤ってみだりに執着されたものであると自覚できれば、執着することも無くなると教えています。

「つねによく気をつけ、自我に執着する見解を打ち破って、この世界を空（sūnya）なりと観ぜよ。しからば死を乗り越えることが出来るであろう。このように世界をすべて観ずる人を〈死の王〉は見ることがない。」（『スッタニパータ』第一一一九偈）

こうして身と心をよく調えて自我の執着を超克するとき、はじめて世界を正しく観じて、空の教えが単なる否定尽くしのニヒリズムではなく、死の恐怖を斥ける〝救いの教え〟になるということなのです。

◆「八不中道《はっぷちゅうどう》」とは

ところで『般若心経』の「不生不滅」と言えば、すぐさまナーガールジュナの次の言葉を想起されるでしょう。

「不《ふ》生《しょう》亦《やく》不《ふ》滅《めつ》　不常亦不断
不一《ふいつ》亦不異　不来亦不去《ふこ》」

これは『中論』（正しくは『根本中論頌《こんぽんちゅうろんじゅ》』）の冒頭における、いわゆる「帰敬偈《ききょうげ》」にある言葉です。

つまり生滅、常断、一異、来去の八種類の変化する運動のそれぞれに、すべて否定を意味する「不」をつけていることから、これは「八不《はっぷ》」もしくは「八不中道」と呼ばれるものです。

「ものごとが生じるということがなく、そして滅するということがない……」

まるで古代ギリシャのパルメニデスか、ゼノンの「アキレスと亀」を彷彿とさせる主張です。いかにこの「不生不滅」が真実の姿であると言われても、やはりどこか腑に落ちませんね。春になれば「芽が出て花が咲いた」と思いますし、秋になれば「落葉した」と判断するからです。さらに「自我の執着を超克して観ぜよ」と言われても、実際にはそう容易《たやす》いものではありません。

そこでもう一度、『般若心経』とともにこの「八不」について、私たちはいったいどのように理解すればよいのかを考えてみましょう。ナーガールジュナの理論によればこうです。

まず、すでに生じてしまっているものは、まさに言葉通り〝すでに〟という過去の出来事ですから、もはや生じるという変化運動は存在しません。

また、いまだ生じていないものは、これもまさに言葉通り、〝今現在生じていない〟のですから、当然そこに変化運動は存在しません。

さらに、これから生じるものであろうものは、これもまさに言葉通り、〝これから〟なのですから、今の段階で生じるという変化運動は存在しません。

それでも条件（縁）がそろえば、生じるという変化運動もあり得るのではないか、と思われるかも知れませんが、ではその条件なるものも、いったいどのように〝生じている〟というのでしょうか。

このように突き詰めて考えますと、どこを見渡してもこの世界には「生じる」という変化運動が存在しないということに気付かされます。したがって「不生」なのです。

このような理論的な観察から、生と滅、常（永久）と断（一瞬）、一（同一）と異（多）、来と去という相対論（二元論）は、本来どこにも存在しないということを『中論』では証《あか》しています。

◆言葉とは差異である

「言葉とは差異である」とは、近代言語学の父、フェルディナン・ド・ソシュール（一八五七～一九一三）の言葉です。この世界に言葉はなぜ生まれたのか、という起源にも関わる大切な指摘なのですが、例えば将棋の「歩兵《ふひょう》」は、ひとマス前進する駒に名付けられていますね。これは「香車《きょうしゃ》」や「桂馬《けいま》」といった他の駒の動きと〝区別〟するための差異を意味する名称と言えます。

つまり将棋の「歩兵」を定義すれば、上図のようになります。

これが言葉や名称の正体です。「歩兵」という駒が成り立つためには、他の駒の存在がどうしても必要なのです。名称自体が差異によって成り立つものだからです。

同じように信号機を例にとって考えてみましょう。信号機の「青」は、「赤」や「黄」が存在してはじめて「青」のススメという役割を果たしますね。差異（他の存在との違い）が「青」に意味を持たせているわけです。もしも世界の全人類が「明日から青を止まれ、赤を進めということにしよう!」と決めれば、それは可能になるのです。「青」のブルー色自体に意味があるのではなく、「赤」のレッド色自体にそもそも意味があるわけではありません。

かなりくどくて理屈っぽいお話になっていますが、これが仏教です。もう少しお付き合いくださいね。

仏典ではよく「牛とは何だろうか?」という疑問が提示されています。先述のように、「牛」が成り立つためには、「牛でないもの(非牛)」が存在しなければなりません。つまり将棋の駒でしたら限られた種類の中での定義ですから簡単なのですが、「牛でないもの」をあげるとすると「馬」「犬」「猫」「羊」「やぎ」「鹿」……と地球上に存在する牛以外の動物すべてが続きます。キリがないのですが、私たちが正しく「牛とはこういうものだ」と定義するためには、果てしなく「牛でないもの(非牛)」を取り上げて、それらを否定し続けなくてはなりません。

このように「A」が成り立つためには、「非A」がなければならないということです。「牛」だけをもって、そこに「牛の意味」はどこにも存在しないのです。この世界のすべてが青色一色であったならば、「青である」という意味は微塵も存在しません。「不生不滅」をはじめとする「八不」は、まさにそうした〝それ自体のみでは意味が成立しない〟という言葉の限界を意味します。すなわち概念の世界から実在に飛躍するための「空」という真実を指し示している教えなのです。

◆相対論の彼方へ

ことばの鍵

水かならずしも本浄にあらず、本不浄にあらず。
身かならずしも本浄にあらず、本不浄にあらず。
諸法またかくのごとし。（道元禅師『正法眼蔵』「洗浄」）

〈意訳〉
水はもともと必ずしも浄らかというわけでもなく、よごれているというわけでもありません。この体も、もともと浄らかというわけでもなく、よごれているというわけでもありません。この世界の存在は、すべてこの考え方と同じです。

「Aでもなく、非Aでもない」という仏教の説示は、かの道元禅師も説かれています。〈ことばの鍵〉にあげたこの言葉は、道元禅師がお便所の作法などを教えた『正法眼蔵』「洗浄」にある教えです。

道元禅師は日常の食にかかわる教えについては、『赴粥飯法《ふしゅくはんぽう》』、『典座教訓《てんぞきょうくん》』などを著していますが、これは『正法眼蔵』の「洗面」「洗浄」の巻と併せて読むべきと私は考えます。つまり、食の営みとは衛生的な新陳代謝に努めるべきことが含まれて、そのすべてが「仏のいとなみ」と示されているからです。

食事とは食物の摂取のみにあらず。摂取の後に体外に排出されるまでが、いや、排泄物が大自然に戻り、また命として蘇るまでが、さらには栄養として血肉となった私たち自身が、のちの人生をどのように他人と関わり、生きてゆくのか……。これらすべてが〝ひとつの食事〟なのだと説かれています。眼前の一場面が食卓ではないのです。時間と空間が因果して展開するサイクル全体を捉えて、はじめて〝いただきます〟と言えるわけです。禅寺においてお便所を「東司《とうす》」と呼び、七堂伽藍のひとつに数える重要な施設であるのは、そのためです。


いかがでしょうか？　私たちは日常、これはきれいだ、これはきたないと区別して生きています。しかし、よく考えれば何をもってきれいと呼ぶのでしょう。何をもってきたないと決めつけているのでしょう。いや、そもそもそう思う心は、いったいどこから来るのでしょう。道元禅師はそう問いかけていらっしゃるのですね。

ですからお便所も畑も人生も、食卓と繋がっていることをいつも忘れてはいけません。きれいとかきたないとかではなく、そう考える日常の心を振り返る大切な修行道場がお便所であるという考え方です。だからこそ道元禅師は、「水を使って体を清めているのではなく、仏の教えにしたがって仏の教えを保つために実践するとき、これを仏の修行の洗浄というのだ」と「洗浄」の巻で示されたのでした。

第十一話　空から縁起へ

◆【是故《ぜこー》（舎利子）空中無色《くうちゅうむーしき》】

（梵）tasmāc Chāriputra śūnyatāyāṃ na rūpaṃ

（発音）タスマーチ　チャーリプトラ　シューニャターヤーム　ナ　ルーパム

（意訳）〔一切の法は、空性《くうしょう》という特質を有しているのだから〕したがって、〔シャーリプトラよ〕空であること（空性）においては、いろ・かたち・すがたあるもの（色）は無い。

このたびも、真実の教えを聞くために集まった仏弟子たち（サットサンガ）に向けて、ブッダがやさしく語りかける場面から始まります。ご覧の通り、漢訳では省略されていますが、原文ではしっかりと〝シャーリプトラ（舎利子《しゃりし》）よ〟とふたたび呼びかけています。おそらく玄奘《げんじょう》は、同じ場面の続きでもあるために、直前の呼びかけとの重複を避けて省略したものと推測します。

ではなぜ原文では、〝シャーリプトラよ〟とくどいほどに呼びかけを入れているのでしょうか。おそらくそれは話題を転換して、文脈に区切りをつけることが大切な目的であるために、ここで再度呼びかけることになったと考えられます。「不《ふ》生《しょう》不《ふ》滅《めつ》」等で否定し尽くした先にあって、さらに空による否定の矛先を別角度に向けるためなのです。

ひとまず「是故」と漢訳された言葉ですが、このサンスクリット語の「タスマート」は、前文を受けて「〜と、以上のことから次の通りに知るべきです」と文をつなぐ副詞句です。ここでは「したがって」と訳しました。「タスマート」の末尾の「t」は、次の語句の頭の「ś」とつながって発音するために、それぞれ「c」に変化しています。これを連声《れんじょう》法といいます。

「是故」との語は、例えば『法華経』の「観世音菩薩普門品第二十五」にも見いだせます。

妙音観世音　梵音海潮音
勝彼世間音　是故須常念

（妙《たえ》なる音、世を観ずる音、梵の音・海潮の音、彼《か》の世間の音に勝れり。この故に須《すべから》く常に念ずべし）

つまり、「是故」の次に引かれる文章こそ、経典の筆者がもっとも伝えたい結論であり、〝メッセージ〟の部分であると理解していただきたいのです。

◆この世界のすべてとはなにか？

ことばの鍵

仏のたまはく、人の、鉄を鍛《きた》え、垢《あか》を棄去《ききょ》して、器《うつわ》を成《じょう》ずれば、すなわち精好《せいこう》なり。（『四十二章経』大正新脩大蔵経　第一七巻）

それでは、「是故」に導かれているメッセージとは、すなわち私たちに別角度の視点を求めている否定の矛先とは、いったい何でしょうか。その答えは、ずばり、一切諸法です。口語訳すれば「この世界のすべての存在」です。これまで説いてきた観自在菩薩の「この世界のもろもろの存在は、すべて空である」という教説について、これから「五蘊《ごうん》」、「十二処《しょ》」、「十八界」、「十二縁起」、「四聖諦《ししょうたい》」というブッダの根本的な教義にも、ひとつひとつ当てはめていこうというわけです。

そこで注目したいのが、ここにあげた『四十二章経』にある〈ことばの鍵〉です。仏教において、すべからく「一切」という語が用いられた場合、それは基本的に「五蘊・十二処・十八界」を指します。すなわち、端的に言えば、仏教の説く「この世界のすべて」とは、「私が認識（認知、cognition）するすべて」という意味にほかなりません。それゆえに教説における「世界のすべて」を知るためには、自己の欲求を制御して、心理を精錬させていかねばなりません。

鉄というものは、何回も繰り返し精錬され、陶冶《とうや》されてはじめて上質で精巧な器になるものです。自然界と同じように、人間の成長もまた、精錬され、陶冶されていかなければならないという趣旨です。仏教では、これを「調御《ちょうぎょ》」と言いますが、こうした説示は、初期仏典のいたるところに記されています。

家の屋根は、日頃からよく修理しておかなければ、たちまち雨漏りをするように、よく自己の心をととのえよ、と説かれた経典もありました。また、自然のままに荒れ放題の土地に、どれほどしっかり種まきをしても、よき収穫は期待できません。農夫は荒れ地を耕し、よくととのえてから種まきをしてこそ、はじめて豊作が期待できるとの経典もあります。

私たち僧侶がよく通夜で読経する『仏遺教経《ぶつゆいきょうぎょう》』には、治水のたとえがあります。水をよく治める者ならば、川底を深くし、堤防を高くし、細心の注意を払って水に向き合わなければなりませんね。こうしてよく治水されたとき、はじめて水は、豊かな恵みを人間にもたらしてくれるものだ、とブッダは説くのです。

この意味において、鉄のたとえも同じことが言えます。不純物がそのままの鉄鉱では、器の用を成しません。日常語で「器用」とありますが、これは本来、要領が良いことや、何でも無難に仕事をこなすことの意味ではありません。文字通り、「器の用《はたら》き」を知ることです。より上質な器をどのように機能させるべきかを知っていること、それが器用ということです。あたかも鉄の精錬のごとくに、溶鉱炉に入れ、何千度の高温に熱せられ、繰り返して純度を高めながら、最後に何度も鉄槌《てっつい》を下されて叩かれていく……。これこそ精巧な器と呼ぶにふさわしい工程です。私たちも、自己の心という器を精錬されたものにするため、戒律にもとづいた生活を送ることによって、鉄槌のもとに鍛え抜かれた鋼《はがね》のごとく、はじめて人間は人格を高めることが可能となるのです。

◆空である存在が、どのように縁起するのか?!

五蘊（色・受・想・行・識）については、すでに述べましたが、人間の認識（認知）するはたらきを五つの構成要素に分析して考えたものです。その中でも最初の「いろ・かたち・すがたあるもの」が物質的な要素で、その他の四つが精神的要素をあらわします。この五つの集まりをもって、物質（肉体）と精神のすべてを意味します。

したがって、「色即是空　空即是色」のところで申し上げたように、通常、人間は「いろ・かたち・すがたあるもの」に対して、言葉の習慣性にもとづいて無反省に執着するために苦しみ、輪廻の循環から逃れることができないと考えます。

そこで、これら執着の方向性に向けて、対立的な否定概念として「空」、もしくは「空性」という考え方が示されたのでした。すべての物質的な諸存在は、そもそも空という性質を持つものであると見たわけです。

ところが、ここで大きな疑問に突き当たります。本質的に空なる存在が、いったいどのように縁起するのかという、いわば「縁起と空」の問題です。一般的には「これあれば、かれあり。これなければ、かれなし」との教えの通り、原因が消滅すれば、結果も変わりゆくと捉えることが出来るでしょう。その意味においては、何ら疑問を抱く必要もないかも知れません。しかし、問題はそれほど単純ではないということです。つまり原因が結果に結びついているのなら、中身が空っぽな原因が、いったいどのようにして結果を導くというのでしょうか。

このように机上の推論に困ったときは、現実の結論から逆算して答えを導き出すことです。もしも本当にすべてが空なる存在だとしたら、因果の関係でさえ消滅してしまうことでしょう。しかし、私たちは経験上、決して因も無く果も無しという眼で、この世界が成立しているとは見ていません。原因もあれば結果も存在すると自然に受け止めています。だとすれば、一切が空といっても、現実の結果という存在は導かれていると言わなければなりません。それゆえ、後代の唯識《ゆいしき》学派では「真空妙有《しんくうみょうう》」という考え方が生まれたほどです。真実の空とは、決してすべてが虚無ではなく、かえってすばらしい有（存在）なのだとして、現実を積極的に評価する世界観です。もちろんこうした考え方に対しては、空思想を旨とする中観派から激しい批判を受けることになります。

◆縁起のための空にして、空のための縁起にあらず

ことばの鍵

仏法のために仏法を習学せんともがらは、古徳のごとく因果をあきらむべきなり。因なし、果なしといふは、すなわちこれ外道なり。（道元禅師『正法眼蔵』「深信因果《じんしんいんが》」）

いまの世に、因果を知らず、業報《ごっぽう》をあきらめず、三世《さんぜ》を知らず、善悪をわきまへざる邪見のともがらには、群すべからず。（道元禅師『正法眼蔵』「三時業《さんじごう》」）

道元禅師はこのように示されます。

「仏の教えのために純粋に仏の教えに参学しようとする人々は、昔の仏祖たちのように、因果（縁起）の教えを究明するべきである。因も無い、果も無いというのは、明らかに仏教ではない。今、この世において、因果（縁起）を知らない者、過去・現在・未来の業報を知らない者、善悪を弁別できない邪見の者たちと仲間になってはいけない」

このように、表現こそ因果、業報、三世、善悪と異なりますが、道元禅師にとっては、いわば縁起の教えこそが仏教の核心であり、縁起によって紡《つむ》がれた善と悪を見極めることが仏法の習学だったということがよくわかります。

したがって、あくまでもこれは筆者の仏教理解ですが、空という否定的な概念は、あくまでも因果という縁起を見極めるためにこそ意味を持つのであって、空そのものの概念として、独立自存的に捉えるべきではないとみるべきでしょう。言い換えれば、時間的縁起である因果の流れにあって、空はその都度の役割を果たしますが、空間的理解のもとに個別な空（空性）を存在させる場合には、因と果は無関係にばらばらとなるか、あるいは因と果が同時にして同一の存在として一体化してしまい、縁起という仏法は崩壊してしまうということです。

では誤った因果を離れ、正しい善なる因果を導くための空とは、いったいどのようなものなのでしょうか。それを次に見たいと思います。

◆矛盾する二つの自己

ことばの鍵

おのれこそ　おのれのよるべ　おのれを措《お》きて　誰によるべぞ
よくととのえし　おのれにこそ　まことえがたき　よるべをぞえん

（友松圓諦訳『ダンマパダ』第一六〇偈）

ブッダは、その初期仏典において、繰り返し「自己をととのえること」「自己と向き合うこと」「自己を大切にせよ」と主張されています。よくととのえられた自己こそが、邪見を離れた真実の自己であるというのです。この場合、自己とはもちろん自己の心ということです。

ところが、その一方でブッダは、「自己を捨てた者となれ」（『スッタニパータ』第七九〇偈）、「自己を滅した者となれ」（同、第三四三、四五六、四六九、四九四偈）、「鎧《よろい》のごとき自己を打ち破れ」（『ディーガ・ニカーヤ』一六・三・一〇）などとも説き伏せます。

自己を大切にし、自己をととのえながら、自己を捨て去り、自己を打ち破れと主張するわけです。一見して矛盾しているようにも思われますが、果たして本当に矛盾しているのでしょうか。

おそらくこれは、自己にはもともと二つの側面があることを前提として示しています。ととのえるべき大切な自己と、捨て去るべき邪《よこしま》な自己です。普通、私たちは自分自身を〝わたし〟というとき、自己を自分自身の認識で振り返っているわけです。これは当然ですね。でも自己を振り返る認識には、必ず自己の考え方や欲求が反映された上で、その目線から振り返っているわけです。その意味では、振り返って見ている通常の〝わたし〟とは、どこまでも主観の域を出ることがありませんから、誰からみてもいつも純粋で正しい自己であるとは言い切れません。むしろ、充分信頼に足るとは言えない〝あやしいわたし〟です。

こうした見る側の自己がある一方で、見られる側の自己というものが考えられます。客観的な自己です。我欲や先入観が微塵も介入していない、自己でありながらも、意識の向こう側で見られる側にある〝ありのままの自己〟です。

通常、デカルトの言葉のように、「我思う。故に我あり」とするとき、我（自己）に二面性を感じることなく、通常の〝わたし〟のみを主題としています。しかし仏教では、ものごとには「見る側」と「見られる側」の両者が成立して、はじめてものごとを見るというはたらきが起こると考えます。

したがって仏典や祖録において、「自己を捨てる」「自己を離れる」「自己を忘れる」と説かれた場合、それは決して〝おまえの命を捨てよ〟などということではないのです。伝教大師《でんぎょうだいし》最澄《さいちょう》の『山家《さんげ》学生式《がくしょうしき》』にある「己を忘れて他を利するは、慈悲の極みなり」という「忘己利他《もうこりた》」の素晴らしい教えも、まずは自分自身を愛《いと》おしみ、大切にしなければ利他を及ぼすことなど出来ないわけです。とかく日本人は、かつての滅私奉公のイメージで、自己を全否定することが無我の境地と勘違いしてはいないでしょうか。だとしたら、それは大いなる誤解です。利他は自利と表裏一体となって、はじめて意味をなすのですから。

◆「是故空中」の目指すもの

ことばの鍵

「自己をはこびて、万法《まんぼう》を修証《しゅしょう》するを迷いとす。万法すすみて、自己を修証するは悟りなり」


「仏道をならふといふは、自己をならふなり。

自己をならふといふは、自己をわするるなり。

自己をわするるといふは、万法に証せらるるなり。

万法に証せらるるといふは、自己の身心《しんじん》および他己《たこ》の身心をして脱落せしむるなり」（道元禅師『正法眼蔵』「現成公案《げんじょうこうあん》」）

このように、これから五蘊・十二処・十八界のひとつひとつについて、「無」を冠することで否定し、すべては空であることを解き明かそうとするものですが、その否定語である「無」の矛先は、あくまでも我欲に染まりきっている通常のわたし、見る側の自己に向けられているのです。そのことを道元禅師は、自己と法に関する重要な教えとして「現成公案《げんじょうこうあん》」に説示されています。それがこの〈ことばの鍵〉です。

「自己をはこびて」とは、「我欲の影響下にある自己をはたらかせて」という意味です。そんな通常の自己によって「万法を修証する」、つまり「自己をとりまく森羅万象の真実を悟ろう」としても、それは迷いというものです。たとえどんなに崇高で清廉なる戒律を遵守《じゅんしゅ》していたとしても、我欲の影響下にあるままの、無反省な通常の自己であっては、いつまでも迷いの世界から脱出することなど出来ないというのです。

「万法すすみて」、つまり我欲の影響下から離れた自己（忘己）が実践できたとき、おのずと「自己を取り巻く森羅万象の真実の側からすすみいでて」、自己の悟りを〝あちら側から証明してくれる〟というわけです。この仏に至る修道（はたらきかけ）の意味を理解しなければ、「仏道をならふというは、自己をならふなり」を実践することは出来ないでしょう。

◆坦山が捨てたもの、そして抱いたもの

幕末から明治時代にかけて、学僧として名を馳せた禅僧に原坦山《はらたんざん》という人物がいます。後に東京帝国大学の印度哲学科で初の講師となるその坦山が、まだ若かった頃にあった有名なお話です。

修行仲間である友人と二人で、全国各地を行脚《あんぎゃ》していたときのこと、二人は橋のない川にやってきました。見ればなんとか渡れそうな程度の川幅です。ところが、あいにく前日に雨が降った様子で、川の水かさが増しているではありませんか。健脚ならば渡れないこともなさそうですが、これを渡るには多少勇気が要りそうです。さて、どうしたものかと二人が悩んでいますと、彼らから少し離れたところで、この川を困った顔で見つめている着物姿の若い女性が佇んでいました。

何気なく見ていると、やがてその女性は、自分の着物の裾《すそ》をたくし上げはじめました。どうやらじゃぶじゃぶと歩いて渡ろうとしているではありませんか。若々しい肌をあらわにして、彼女が川に足をふみいれようとした、そのときです。

これを見た坦山は、すぐさま女性のもとに駆け寄りました。

「ちょっと待ちなさい。私が背中におぶってあげましょう」

そう言うやいなや坦山は女性をよいしょとおんぶしたのです。

こうして女性を背負ったまま、坦山は川へと足を踏み入れて、向こう岸まで無事に渡してあげたのでした。岸に上がると、礼を言う女性を残して、坦山はさっさと先へ行ってしまいました。

すると心中穏やかでないのは、この一部始終を見ていたもう一人の修行仲間でした。

「修行中の身にもかかわらず、若い女性を抱いて背負うとは何たることか！」

彼はもやもやした思いが頭から離れず、坦山の行いに対して、怒りの念がいつまでもくすぶっていました。

こうしてしばらく二人はまた旅の路を歩いていましたが、いくら時間が経っても頭から不満が消えず、彼の心は悶々としたままでした。

そして、やがて心の中に留めておくことが我慢ならなくなり、ついに坦山に向かってとがめたのです。

「さっきのお前の行為は何だ！　修行中にもかかわらず、若い女性を抱きつかせるとは何事だ！」

すると坦山は、まったく驚いた顔をすると、やおら大笑いして言いました。

「わっはっは！　あの女か。俺は女をとっくに下ろしているのに、お前はまだ抱いたままだったのか。あっはっは…！」

若き原坦山の有名なお話でした。二人の修行僧とは、ここでは自分の心の中にある矛盾した二つの自己とも言えるでしょう。あなたは果たしてどちらの自己だったでしょうか？

第十二話「無」とは何か

◆【無《む》受《じゅ》想《そう》行《ぎょう》識《しき》】

（梵）na vedanā na saṃjñā na saṃskārā na vijñānaṃ.※

（※マックスミウラー版大本、岩波文庫版、榊亮三郎版ではvijñānam）

（発音）ナ　ヴェーダナー　ナ　サムジュニャー　ナ　サムスカーラー　ナ　ヴィジュニャーナム

（意訳）〔一切の法は、空性《くうしょう》という特質を有しているものだ。したがって、シャーリプトラよ。空であること（空性）においては、いろ・かたち・すがたあるもの（色）が無いのと同様に、心において〕感受するはたらき（受）、表象するはたらき（想）、意志をもつはたらき（行）、認識するはたらき（識）も無い。

このたびも、ブッダの語りかける言葉が続きます。真実の教えを聞くために集まった仏弟子たち

（サットサンガ）に向かって、原文ではしっかりと〝ジャーリプトラ（舎利子）よ〟と呼びかけたうえで、「いろ・かたち・すがたあるもの（色）」と同様に、すべての五蘊《ごうん》が無いという主張が続きます。

したがって、正しくは「受・想・行・識」の一つひとつに「無」を冠しながら、順序立てて理解しなければなりません。基本的に仏教教義は、すべて縁起の理論によって成立していますから、「ナ（na）」によって否定されていく方向にも、因果関係という一定の順序があってこそ、その意味が見えてくるのです。

わかりやすく示しますと、以下の通りの「無（否定）」の順序です。

①「いろ・かたち・すがたあるもの〈色〉」は空として否定される。
⇩
②「空である色ならば、それを感受するはたらき（受け止めた知覚やその情報〈受〉）」も空として否定される。
⇩
③「空である受ならば、それを表象するはたらき（ものごとを名付けによって思考し、概念化するような想念〈想〉）」も空として否定される。
⇩
④「空である想ならば、その意志をもつはたらき（さまざまに思考するいとなみや、その記憶の蓄積〈行〉）」も空として否定される。

⑤「空である行ならば、それを認識するはたらき（普段から思い込んでいる〝わたし〟という意識と、それに基づいた認識や識別〈識〉）」も空として否定される。

⇩

このようにして、『般若心経』は私たちがすでに構築している各自の価値観について、根底から疑い、それを順序立てて否定し、覆《くつがえ》そうとするのです。

普段の私たちは、五蘊という日常における意識や思考のはたらきの中で、何らの疑いもなく〝わたし〟を生きています。しかし、そんな日々の〝わたし〟は、本当に正しい判断のもとに、いつも正しく生活していると言えるでしょうか。少なくとも私の場合は否です。たとえ何の問題もなく楽しい一日を過ごすことが出来たとしても、実は自分の気づかないうちに、周囲の多くの支えによって過ごしていることに、後になって気づかされることがあります。そんなとき、今までの自分にとっては当たり前のことが、実は当たり前ではなくなってしまいます。（卑近な例で恐縮ですが、ざるそばのそば粉が、実はアメリカのワシントン州産であったり、お刺身のタコが、アフリカのモロッコ沖のものであったりすると、和食とは何だろうと疑問に思うこともあります。）

ところが、人間とは恐ろしい生き物です。たとえどのような奇跡であっても、毎日それが繰り返されていると、そうした生活自体が当たり前のこと、無事でいることが当然と思う習性を持っているのです。しかし、その思い込みこそ、実は人間における五蘊の死滅を意味するのです。

◆常識を打ち破れ！

ことばの鍵

生を護るには、すべからく、これ殺すべし。殺しつくして始めて安居す。箇中の意を会得すれば、鉄船水上に浮かぶ。

（『龐居士語録《ほうこじごろく》』）

（現代語訳）

生命を大事に守ろうとするならば、ぜひともその守るべき生命とやらを滅ぼし尽くすことである。

大事な生命を滅ぼし尽くすことによって、はじめて人は心が安らかになるものである。

この意味を体得すれば、鉄の船でさえも水に浮かぶものだ。

私たちにとって、心の安らぎとは何でしょうか。何の疑いもなく、日常のすべての出来事を受け入れて常識に埋没し、常識に流されることが安心なのでしょうか。『般若心経』による答えは否です。

五蘊の意味だけを説明するならば、これまで筆者が述べてきた通り、いわば人間の認識システムを解明する話に他なりません。物質や肉体を感受し、イメージし、記憶に蓄積して整理し、判断する……。要するに五蘊は、こうした一連の解釈に過ぎないのです。しかしその解釈が解釈のみにとどまらず、自己意識の変革に展開してゆく契機とする必要があると『般若心経』は訴えているのです。

その意味で、仏教は「仏の教え」にとどまらず、「仏になる教え」とも言われてきました。要するに「仏になる」とは、人間から仏という存在へのパラダイムシフトが起こるということです。人間と仏は決定的に異なる境涯のはず。その断固とした両者の違いを乗り越えて、人間が別な存在である仏に変化するということは、それを導く経典の言葉が、その概念と常識を乗り越えてゆく必要があるのです。

そこで『般若心経』が五蘊を否定しようとする、その真意を理解していただくための言葉が、右にとりあげた〈ことばの鍵〉です。

唐の時代、在家の修行者として世の注目を集めた人物に、龐居士《ほうこじ》という禅者がいました。彼の言行を記した『龐居士語録』には、本当の人生をまっとうしたければ、まずは人生という概念を殺すに限るのだと教えています。生きる意味を解体し尽くしてこそ、はじめて安らかに生きることができるのであって、これがわかれば、あの鉄のかたまりであっても水に浮かべることが出来るだろうと豪語しています。

禅の教えは、一見して理不尽としか思えないことがあります。龐居士はここで、生きるためにその反対の死を極めつくせと教えていますが、これはその代表例です。でも彼の言葉自体に惑わされてはいけません。「生かす」とか「殺す」とかといった過激な表現は、あくまでも私たちの目を覚まさせようとするショック療法のようなもの。禅の悟りへと誘う方便なのです。では彼は何が言いたいのでしょうか。

それはズバリ、ひと言でいうと「世間の常識や自己の思い込みを打ち破れ！」ということです。世間の常識は世間から、自己の思い込みは過去の自分から、いわば〝与えられたもの〟に過ぎません。そして与えられたものは、経験上、私たちはそれらが身についたものにはならないことを知っているものです。

◆出来合いの言葉を捨てて、おのれの言葉を語れ！

私はふと思うことがあります。ブッダは何を説かれたのだろう。そして何を言いたかったのだろう……と。般若経経典群をつくりあげた紀元前後の当時の人々も、きっとそのように切望したはずです。そのとき彼らは、〝与えられた経典の言葉〟ではなく、〝自己に身についた生きた言葉〟をこよなく求めたのでした。そのために、概念化され、受け継がれてきた常識的な教えをまずは徹底的に破壊し、否定するところから真意を見出そうとしたのです。

何ごともそうですが、時代を切り開く創造者は、決して過去の伝統を継承するだけの人ではありません。ブッダやイエスがそうであったように、常にその当初は時代の異端者であり、常識にとらわれないごく少数の自由人だったのです。

以前、番組で見た人間国宝のある陶芸家が、「作品には日々、自分なりの新しい工夫が必要だ」と話していたことを思い出します。おそらくその陶芸家も、かつて若かった時代には、自分の師匠から多くのことをそのまま学んだのでしょう。しかし学んだことの先に、自分らしい作品を創造して実現させるためには、技術を徹底的に突き詰めてあらゆる角度から考え抜くことはもちろん、さらに大事なことは自己の内側からほとばしる自分だけの技が必要になってくるはずです。でなければ、有能な芸術家とは、常にすぐれた贋作家のことになってしまうからです。

　このように考えれば、仏教という教えについても、それぞれ自分らしい理解で学び、語ることが出来るようにも思われます。もちろんそれは、自分勝手に自由な解釈が出来るという浅はかな考え方とは異なります。あくまでも徹底的に仏典の教えを追求し、極め尽くしたその先に生まれる理解です。『サンユッタ・ニカーヤ』にあるブッダの言葉を見てみましょう。

　比丘《びく》たちよ、私は（中略）一切の束縛から自由になった。そなたたちも同様に自由となった。諸人の利益と幸福のために、また世の人への共感をもって、神々と人間の利益、幸福のために、そなたたちは出かけるがよい。

　ふたりでひとつの道を行くな。初めも善く、中ごろも善く、終わりも善く、道理と表現とが備わった教えを説きなさい。この上なく完全で、清らかな行ないを人に示しなさい。世間には心の眼がちりにそれほど覆われていないのに、教えを聞くことができないところから堕落している人がいる。

〔教えられれば〕彼らは真実を知るであろう。

この言葉は従来、一人でも多くの仏弟子が、それぞればらばらに地方で説法することによって、より多くの人々に伝道されるだろうとの趣旨で理解されてきました。それはおそらく正鵠《せいこく》を射た理解なのかも知れません。しかし私は、(それこそ独自の理解なのですが)「ふたりでひとつの道を行くな」という宣言には、独り立ちした仏弟子ならば、「汝ら自身がそれぞれ一人ずつ自己の見解をもって説法しなさい」とのブッダのメッセージではないか、と考えたいのです。他人から与えられた言葉ではなく、正しく理解した仏弟子ならば、それらを各自が自信をもって「おのれの言葉として語れ!」という趣旨です。

◆ふたたび、「無」とは何か

このように考えると、仏典の教えを自己の理解で追求し尽くし、おのれの言葉として教えを導き出そうとするとき、どうしてもそこには、すでに存在している〝概念化された教義〟が横たわっていますから、それをまずは否定する作業から始めなければならないことに気づかされます。

そこで、ふたたび「無」と漢訳された言葉にこだわってみることにしましょう。

冒頭に示しました「無受想行識」について、サンスクリット語では「ナ(na)」とあるように、これは後続の文章を否定する役割を果たして、「〜ではない（not）」と訳されます。「ナ（na）」と「ム（無）」……。いずれも同じ否定語にして、どことなく発音まで似ていますが、実はよく考えますと、「○○ではない」というのと、「○○がない」というのでは、大きく文意が異なります。

原文から忠実に訳してみますと、たとえば「ナ　ヴェーダナー」は「受ではない」としたいところです。しかし実際に『般若心経』のすべての解説書では、「受がない」と記述しています。なぜでしょうか？　おそらくこれは「無」と漢訳されてきたことに大きな要因もありそうです。同じ否定語がともなっていても、「Aではない」と見なすことと、「Aは存在しない」と考えることには大きな違いがあるからです。

以前ここで申し上げたように、空という定義には、どうしても空間的理解がどこまでもつきまとうものです。「テーブルの上にリンゴが無い」とか、「この部屋には彼がいない」といった存在論的な問題、つまり「ここにAが有るか無いか」の問題は、視覚を中心にした五蘊のはたらきによる体験的な判断に基づいて、比較的安易に理解できる議論なのです。

しかし、その一方で「リンゴとはいったい何か」とか、「彼ははたして如何なる人間なのか」といった本質を追求する議論、つまり「Aとははたして何か」という問題には、自己の体験的判断の域を超えた思考が求められます。わかりやすい例で言えば、「ここに人間がいるかいないか」はすぐに答えられますが、「人間とはいったい何か」という人間の本質を問う問題には、即座に回答することは出来ないことにも似ています。

「空」、そしてここに言う「ナ（na、無）」という本質を否定し続けるいとなみに、私たちはときに悩み、苦しみ、そして迷いつつ、膨大な知的推論を駆使しながら追求する必要があるということです。要するに、悟りとは有るのか無いのかではなく、〝悟りとはいったい何か〟という地道で継続的な問いかけが欠かせないものになってくるのです。

◆「筏《いかだ》を捨てよ」のメッセージ

ことばの鍵

この筏は、大変役に立った。この筏のお陰で大河を渡ることが出来た。さあ、私はこの筏を岸辺に捨てて、道を歩いていこう。（『中部経典』巻一）

『般若心経』に繰り返される「無」のメッセージ……。そこには従来当然のように受け継がれてきた仏典の解釈に対する当時の反骨精神が読み取れます。今回のテーマは「五蘊」に対して投げかけられた「無」という否定の意味を深読みしていますが、この「五蘊は無である」という文意は、単なる否定ではなく、自己の言葉として理解して語るために冠された否定だったのです。

ではなぜ、自己の言葉として語るために、いったんすべてを破壊し、否定し尽くす必要があるのでしょうか？　そうした疑問をいだくとき、私の場合は、あの『法華経』の長者窮子《ちょうじゃぐうじ》の喩え（「信解品《しんげほん》第四」）を想起します。

ある長者の子が幼い時に家出をし、五十年もの間、諸国を流浪して困窮したあげく、父のもとに帰郷する話です。我が子とはいえ、放蕩の限りを尽くしてきた人間を父は許し、臨終の際にはすべての財産を譲ってしまう物語です。

類似した物語に、『聖書』の「ルカの福音書」（15：11—32）があります。こちらでも放蕩の限りを尽くして父を裏切った弟を許すストーリーになっています。

みなさんは、もうお気づきでしょうか。そうです。いずれも、与えられた財産をいったんすべて失い、放棄するところから本当の自分が立ち上がってゆくという文脈がポイントなのです。その意味で「信解品」も「ルカの福音書」も、「無」による否定の後に自己の本来性を取り戻す教えであることがわかります。

そこでこのたびの最後に、初期仏典における同様のコンテクスト（文脈）を見てみましょう。それが〈ことばの鍵〉にとりあげた『マッジマ・ニカーヤ（中部）』にある有名な「筏の喩え」です。

ここに登場する旅人は、私たちのような修行の道半ばの者を指し、此岸《しがん》から彼岸を目指す悟りの旅に喩えた説話ですが、ここで重要なことは、なぜ大切な筏（＝仏典に記された教説）を捨てる（＝否定する）のかという意味です。

およその意訳を示しましょう。

ブッダは次のように語った。

「修行者たちよ、安楽を得るために、こだわりの心から解放されるために、〝筏の喩え〟を説こう。

修行者たちよ。例えば、道行く旅人が、大河を見たとしよう。こちらの岸は危険であり恐ろしく、向こうの岸は安全で危険なところはない。ところがそこに渡し船もなく、橋もないとしよう。

そこで旅人は考えた。

〝大きな河で水流も激しい。しかし、こちらの岸は危険で、向こうの岸は安全である。それならばここはひとつ、渡るしかないだろう。ところが船も橋も何もない。だとするならば、葦や木や枝葉を集めて筏を作り、手足で努力して渡るしかない……〟

そこで、彼の人は、葦や木や枝葉を何とか集めて筏を作り上げ、自分の手足で努力して渡りきった。

次に、この旅人は考えた。

〝この筏は、大変役に立ったものだ。この立派な筏のお陰で、水流の激しい大河を渡ることが出来た。さあ、努力して作った大切な筏だから、これからも私はこの筏を担いで道を歩いて行こう！〟

さあ、汝らはこれをどう思うか？　汝らは、この旅人がふさわしく適切な行動をとっていると考えるか、否か？」

そこで仏弟子たちは、「それは旅人にとって適切な行動ではありません」と答えた。

ブッダは言葉を続けた。

「しからば、汝らは旅人がどうしたならば適切な行動となるであろうか。そうなのだ。

〝この筏は、大変役に立った。この筏のお陰で水流の激しい大河を渡ることが出来た。さあ、私はこの筏を〔他の旅人のために〕岸辺に捨てて、道を歩いていこう〟

このように思い、行動した旅人こそが、筏（＝教説）にふさわしく適切な行動をした人なのである。修行者たちよ。この上なき安楽を得るために、こだわりの心から解放されるために、私はかくのごとく、〝筏の喩え〟を説いたのである。

どうか修行者たちよ。この譬えの意味をよく理解せよ。教えをすら捨て去るべき時がある。なおさら、誤った教えは捨て去らねばならないのだから」（同、一三四～一三五頁）

ここで筏に喩えられる仏典の言葉やその教説は、私たちにとっては悟りの岸辺を目指すためにはどうしても必要なものです。そこで一般的には、すでに彼岸にたどり着いたのなら、もう不必要なのだから捨ててしまえとシンプルに解釈されるケースが多いようです。しかし、私はそうではないと考えます。不必要になったのだから捨てるのではなく、本当の自分にとっての筏（＝ブッダの教説）とは何かを手に入れるために、形骸化した仏典の言葉や、文字通り形だけになった（定義づけされ、概念化された）仏教語をいったんは捨て去らねばならないのだと言いたいのです。それが「無受想行識」にちなんだ私流の「筏の喩え」の言いたかったことです。

第十三話　散りゆく花

◆【無《む》眼《げん》耳《に》鼻《び》舌《ぜっ》身《しん》意《い》】

（梵）　na cakṣuḥ-śrotra-ghrāṇa-jihvā-kāya-manāṃsi,

（発音）ナ　チャクシュフ　シュロートラ　グフラーナ　ヂフヴァー　カーヤ　マナームスィ

（意訳）〔一切の法は、空性《くうしょう》という特質を有しているものだ。したがって、シャーリプトラよ。私たち自身もまた空であること（空性）において存在しているのだから、〕眼の能力も、耳の能力も、鼻の能力も、舌の能力も、身体の能力も、意識の能力も、〔いずれも不変的な実体性をともなったはたらきは〕無いのである。

このたびも、ブッダの語りかける言葉から始まります。そのメッセージは、ずばり〝日常の見聞きしているような経験は、実は空虚なものなのだよ〟という驚きの警告です。前回と同様に、正しくは

「眼・耳・鼻・舌・身・意」の一つひとつに「無」を冠して理解するべきところです。

「眼耳鼻舌身」とは、ひろく「五官」と言われるもので、五つの身体的な感官、つまり感覚器官を指します。西洋でもそうですが、インドのウパニシャッド哲学では、人間の見聞きするような身体能力については、この五つだけとします。しかし仏教ではこれに「意」を加えて「六根《ろっこん》」とするのが特徴です。

仏教では、「見る」「聞く」「嗅《か》ぐ」「味わう」「触れる」という生命活動の情報について、そのさまざまな情報を取りまとめて理解する機能を別格に「意」と位置づけます。例えば空港になぞらえると、さながら世界中から離発着するさまざまな飛行機を整理してまとめ、事故が起きないように統率している〝管制塔〟の役割が「意」になります。

さらに外界の情報を受け入れる感覚器官は、それぞれが機能するような能力としてそなわっているところから、これらを「根《こん》（indriya、インドリヤ）」と称します。「感覚能力をつかさどる根っこ」という解釈から「根」と漢訳されたわけです。どんな大木でも草花でも、植物は大地の中にひろがった根っここそが命です。たとえ目に見えなくても、地下ではたらき続けている根があってはじめて、地上にそびえ立つ樹木は葉を生い茂らせ、花は彩り鮮やかに色を染めることが出来ます。この原理は、人間も同じと仏教では考えるのです。つまり「眼根《げんこん》」「耳根《にこん》」「鼻根《びこん》」「舌根《ぜっこん》」「身根《しんこん》」「意根《いこん》」という「六根」があって、はじめて人間は人間らしく分別をもって行動し、思考することが出来るというわけです。

◆〝どっこいしょ〟の語源説「六根清浄《ろっこんしょうじょう》」

ところで、ふだんの私は立ち上がるだけで、「どっこいしょ」と思わずかけ声をもらすことがあります。この「どっこいしょ」という言葉、実はこれ「六根清浄」という仏教語が語源となって変化したものという説があります。ときにこの「六根清浄」は、登山の折のかけ声として、とりわけ霊山と呼ばれる山岳登山では、修験者《しゅげんじゃ》が頻繁に唱える呪語《じゅご》にもなっています。

先述のように「六根」とは、人間が具有《ぐゆう》する感受するはたらきのすべてと考えます。見る（視覚能力）・聞く（聴覚能力）・嗅ぐ（嗅覚能力）・味わう（味覚能力）・触れる（触覚能力）・思う（思考能力）という六つの領域しか人間にはそなわっていないと仏教では見なすのです。しかし、これら六根という能力によって理解される世界は、よく考えれば、あくまでも神経のはたらきによって受けとめられ、身体的に脳内に表現された〝感覚の集まり〟にすぎません。あるがままの現実の世界を直接把握しているのではなく、目に関して言えば、網膜というスクリーンに映写されている電気信号を脳に伝えて映像化しているわけですし、舌に関して言えば、味蕾《みらい》で受けた刺激が神経細胞とシナプスを介して脳に送られ、その脳内で味の情報として再編集され、理解しているだけなのです。こう考えますと、仏教という宗教は古来、ただ精神論に頼るような方法をとらず、きわめてものごとを理論的（しかも瞑想を中心にした観察力で！）に捉える現実主義の教えでもあったわけです。現代の科学と仏教の思想が奇妙に一致することが多いのは、決して偶然ではありません。

たとえば「蛇縄麻《じゃじょうま》の教え」というものが仏教にはあります。これは、たとえば誰かが「蛇が出た！」と驚いたとしましょう。しかし、よく見ると蛇だと思ったそれは単なる縄が落ちていただけだったということもありますね。そして、さらによくよくその縄を観察してみると、実はその縄が麻で作られていたと知ることが出来るかも知れません。このような日常に経験する喩え話です。

つまり、日頃の何気ない分別（これも仏教語！）などは、まるで当てにならないという教訓で、ましてやその分別に思い込みといった先入観や、こうあって欲しいという期待と願望が加われば、いとも簡単に判断を誤ってしまうことになるでしょう。そこで先人たちは「六根を研《と》ぎ澄ませ！」と説くのです。それが「六根清浄」という言葉です。平常心となって澄みきった六根があってこそ、真実の世界をありのままに正しく見通すことが出来るのです。

◆「六根清浄」と「屋敷の中で騒ぐ猿」

では、どうしたら澄みきった清浄な心となれるのでしょうか。「六根清浄」にちなんで、そのヒントとなる面白い禅問答（公案）を紹介いたしましょう。

稀代の高僧として知られる仰山《きょうざん(さん)》慧寂《えじゃく》（八〇七〜八八三）が、まだ十三歳の頃、洪恩禅師《こうおんぜんじ》という人物を訪れたときのことです。どこの誰ともわからない旅の小僧と思われたのでしょうか、仰山が何度もお寺の中にいる洪恩禅師に呼びかけても、なかなか返事をしてくれません。それでもしつこく挨拶を繰り返すと、ようやく屋敷の中から洪恩禅師が姿をあらわしました。そこで仰山はさっそく質問します。

「どうすれば、本当の自分を知ることができるでしょうか？」

この意外な問いかけに、〝こやつは若いが、芽が出るかも知れぬ〟と思いつつ、洪恩禅師は答えます。

「ここに一軒の家があるとしよう。そしてその家には六つの窓があって、仮にその屋敷の中に一匹の猿が居るとしよう。そこでだ。おまえさんがこの屋敷の猿に向かって、東の窓から『お猿さん！』と呼びかけてみるがよい。そうすれば猿はおそらく、〝キャッ、キャッ〟といって返事をするじゃろう。また、おまえさんが別の窓から同じように呼びかけても、おそらくそれは同じこと。六つのいずれの窓からも、そのときは同時に声が伝わってきおるのじゃ。本当の自分とは、実はこんなものなのじゃ……」

若き仰山は、「禅師さま！　尊いお答えを誠に！　ありがとうございます」と丁寧にお礼を述べると、次のようにさらに尋ねました。

「お話の趣旨は、ひとつひとつ承知しましたが、まだお尋ねしたいことがあります。家の中の猿がくたびれて眠ってしまったとき、外にいた者が何とかして相見《しょうけん》したいと申しましたら、どういうことになりましょうか？」

こう問われて、洪恩禅師はこの小僧の質問はなかなか核心をついたものであるのに驚き、こやつはただものではないと気づきます。そこで洪恩禅師は思わずうれしくなって、自分が坐っていた縄床《じょうしょう》から下りて、小僧の手をとって踊り出すと、こう告げたのです。

「お猿さん、おまえとの見事な相見はもう済んだじゃないか！」（『従容録《しょうようろく》』第72則「六窓一猿《ろくそういちえん》」より）

この禅問答、おわかりになりましたか？　そうです、この禅の祖録では人間の本質にある本能の姿について、一匹の猿に喩えていることがわかりますね。しかも日常を無反省にしている本能に基づいた人間の感官、すなわち見る・聞く・嗅ぐ・味わう・触れる・思うという六つの感覚器官は、決して別々の能力ではなく、ひとつの屋敷にいる一匹の猿を六つの窓越しに見ているようなものだ、と洪恩禅師は教えているのです。これを「六根合一《ろっこんごういつ》」とも言います。

皆さんも日常の経験に身に覚えのあることと思います。たとえば味覚と嗅覚をなりわいとするソムリエは、日頃から同時に身だしなみを調え、よい音楽を好み、思索に耽《ふけ》るものですし、映像を捉える写真家ならば、風の音に耳を澄ませ、谷川の水の柔らかさを知るものです。

感覚のいちいちについて、それらをバラバラにした状態では、現実というひとつの真実を捉えることなど、到底できるものではありません。感覚を研ぎ澄ます「六根清浄」とは、すべての感覚器官の根底にひそむ一匹の猿（本当の自分）を手なずけるようなものなのです。

さらに言えば、若き仰山が、洪恩禅師の内にある本質の猿について、くたびれて眠っている（＝自分を一人前として見てくれない）というのなら、すでに相見し終わっている（＝すでに親切に答えている）のだから、今さら寝た猿をわざわざ起こす必要もないわけです。むしろ優れた若き僧の登場を素直に喜び、その核心を突いた質問の鋭さに嬉しくなって、ここは一番、思わず自然に踊り出すことで、〝ありのままのリアルな私〟を表現して伝えてあげよう、と洪恩禅師は感じたのでしょう。

舞い踊るという優雅な対応によって、自分の内なる猿を眠らせたまま、若き仰山に喜びを示し得た洪恩禅師は、やはりスゴイ！　人物だったことがわかります。

◆【無《む》色《しき》声《しょう》香《こう》味《み》触《そく》法《ほう》】

（梵）　na rūpa-śabda-gandha-rasa-spraṣṭavya-dharmāḥ,

（発音）ナ　ルーパ　シャブダ　ガンダハ　ラサ　スプラシュタヴヤ　ダルマーハ

（意訳）〔私たち自身もまた空であること（空性）において存在しているのだから、六根に基づいて見聞きするものも同じように、〕目に見える対象も、耳に聞こえる対象も、鼻に嗅ぐ対象も、舌に味わう対象も、身体が触れる対象も、意識に感じる対象も、〔いずれも不変的な実体性をともなったはたらきは〕無いのである。

ここでは直前に「無」として否定された「六根」に基づいて、「六境」の「無」が示されています。仏教では、私たちが日常で認識するはたらきの対象（対境）を「境《きょう》」と言い、サンスクリット語ではこれを「アルタ（artha）」と呼んで区別する特徴があるのです。主観として感じ取るのですから、その対象（境）は客観として別に相対して存在すると考えるわけです。したがって、目や耳、舌などの根（能力）そのものが実体のない空なるはたらきによって私たちは見聞きしているのですから、当然そこを通過して受け取って見えている世界、聞こえている世界、香っている世界、味わっている世界、触れている世界、感じている世界など、これらはどこにも固定的、決定的に存在しているはずはないと考えられます。

そういえば以前の私は、パクチーといいますかコリアンダーの料理が大嫌いでした。あの葉っぱの匂いが、子供の頃に嗅《か》んだことのある、ある虫の匂いにそっくりだと感じられたからです。ところが教員となって留学生の友人と一緒に楽しくタイ料理をいただいたとき、〝なんて美味しい料理なんだ！〟と驚いたことがありました。以来、私はコリアンダーの葉の魅力にとり憑かれ、今ではすっかり大好物です。まったく味覚の好みなんて、当てにならないものですね。

◆散りゆく花々を惜しんで……

ことばの鍵

雨ならずして、花なお落つ（不雨花猶落）
風無くして、絮《いと》おのずから飛ぶ（無風絮自飛）
趙州《じょうしゅう》和尚（出典不明）

（現代語訳）
雨など降らなくても、花はいつか散って落ちてゆくもの。
風など吹かなくても、柳のわた毛は自然に飛び去ってゆくもの。

さて、身近な例で恐縮でしたが、このように人間の感覚器官で捉える感情などは、そのときの状況、自分自身の気分、さらには理由のない先入観などによって、いくらでもふらふらと変化するものです。しかし、それでもなお、あたかも眼は自分自身の眼を見ることが出来ないように、私たちは自分自身を振り返ることを忘れて、思わず〝自分の認識していることはいつも正しく、また相手も当然同じ認識でいる〟と思い込んでいるものです。同じ現象を体験しながら、自分は楽しいと思っていても、相手は不快に感じているかも知れないのに……。このような類は、誰にでも経験があるはずです。

そこで実は私の場合、普段から「六根清浄」を意識的に理解し、そして自分自身の〝思い上がり〟に気づこうと努めているのですが、そのときにいつも出来るだけ思い出すようにしている言葉があります。それが、この〈ことばの鍵〉に掲げた趙州の禅語です。

趙州従諗《じゅうしん》（七七八〜八九七）は、仏教の開祖ブッダと同じように、八十歳に至るまで諸国を行脚《あんぎゃ》した傑僧です。「南泉斬猫《なんせんざんみょう》」や「喫茶去《きっさこ》」など、名だたる禅問答に登場しては、歯切れ良い言葉と行動で、あらゆる難問を一刀両断に解決してしまいます。


ある日、季節の変わり目に一人の修行僧が趙州に問いかけました。

「庭先の花や葉は、すっかり季節のうつろいを映しています。こうした現実から私たちはどのような真理を得るべきでしょうか？」

すると趙州はずばりと答えてくれます。

「雨ならずして、花なお落つ。風無くして、絮《いと》おのずから飛ぶ。」


雨が降っても降らなくても、咲いた花ならば、いつかは自然に散りゆくもの……。柳のわた毛は、風が吹いていても吹かなくても、いつかは勝手に飛び去って行くだろう。それがいったいどうしたというのだ！　と、一見突き放すように、実はとても親切に教えてくれたのです。

例えば、私たちは春ごとに桜の花をいつまでも楽しみたいと願っています。あの美しく麗しい満開の桜の花……。ため息が出るほど惚れ惚れします。ところがそこに無情にも春の嵐が吹くと、私たちは思うことでしょう。〝ああ、花散らしの雨が降らなければ……〟と。しかし、よくよく考えますと、毎年〝雨がなければ〟と思いながら過ごしていたようにも感じられます。実はこの小さな感情の機微に、大きな心理作用の特徴があらわれていると言えるでしょう。それは開花というひとつの現象に対して、私たちが一方的に抱く願望の思い込みであり、またその思い込みとは、文字通り思い込みであるがゆえに無自覚であるという性《さが》をもちます。この無自覚性という人間の性《さが》が、ありのままの真実を見ようとする人間の理性を妨げているということなのです。

花は雨にうたれたために散ったのではなく、咲いたときから花は散り去るものだったのです。これが大自然の宿命というもの。柳の種である白いわた毛も、風が吹いたために飛んだのではなく、やがて時間が経てば風の有る無しにかかわらず飛んでゆく……。これ自体が生きていることの証明だったのです。いずれも生命のいとなみのワンシーンに過ぎません。そこに人間の勝手な先入観や理由の入り込む余地など、もともと微塵もなかったのです。

◆存在が無意味になるとき

「おまえはすでに真理の風光を目の当たりにしているのだ。にもかかわらず、どうしてそれに理由をつけようとするのか！」

花の散り際に憂えるとき、今にも趙州の声が聞こえてくるようです。実は、先ほど人間の抱く主観や先入観といった思い込みには、無自覚という性《さが》があると述べましたが、その性《さが》を支えているのが、ものごとに対する理由付けなのです。このあらゆる現象に対する理由付けを仏教では「欲界」と言います。

一般に「欲界」とは、食欲・性欲・睡眠欲・金銭欲・名誉欲などといった五欲に満ちた世界と辞書には書かれています。この説明、実は間違いではないのですが、私からすれば少々ニュアンスが違う気がします。「欲望にあふれた世界」との説明は、あくまでも第三者による客観的に指摘された文章に過ぎません。欲界に住む私たちならば、この世界を自覚的に理解して、教えとして受け止めることが肝要と思われます。それゆえ、ものごとに意味づけをし、次から次へとすべての現象に理由付けをしてしまう、そんな理由付けされた存在として成り立っている世界が欲界と受け止めたいのです。しかも、その理由付け自体はもちろん無自覚性によるものです。

私たちが仏教を学び始めた頃、「三界」（次回以降で説明します）のひとつである「欲界」とは、「これは私のもの」「あれはあなたのもの」と、すべての存在に所有と欲求を付与する世界であると習いました。おそらく多くの方が、「おれが、おれがの我を捨てよ」といったフレーズも耳にしたことでしょう。しかし、こういった教え方がかえって落とし穴なのです。そもそも誰一人として、〝自分は欲張りだ〟などと心底自覚してはいませんから、逆にこうした教え方の類《たぐ》いは自覚を促す前に、〝あの人は我が強いな〟などと対象を変えて、他人の批評に終止してしまう恐れさえあります。欲望とは、あくまでも無自覚性なのです。

それでは無自覚な心をどうしたら自覚できるのでしょうか?!　そのきっかけとしていただきたいの

が、先の〈ことばの鍵〉のような場面です。そう、人生にはいかなる理由付けも、意味さえも消え去ってしまう出来事が必ずあるはずです。もちろん花の散りゆく姿は、ほんの身近な一例です。勉学に励んできたのに試験は不合格だった。健康に留意していたのに病になった……。まさに人生は不条理に満ちています。そこには今まで努力して積み上げてきたような実績もプライドも財産も、まるで役には立ちません。ただ〝無意味の大海原〟がひろがっているだけです。

しかし、人はそのような無意味の深淵に降り立つとき、そこにこそ本当のあるがままの世界が開かれることでしょう。それはどこかに希望を孕《はら》んだ領域として。なぜなら存在という世界は、すべてを無条件に受け入れて、ありのままのあなたを無意味に包み込んでくれるのですから。

第十四話　十二処・十八界に生きる

◆【無眼界乃至無意識界《むげんかいないしむいしきかい》】

（梵）　na cakṣur-dhātur yāvan na mano-vijñāna-dhātuḥ.

（発音）ナ　チャクシュル　ダートゥル　ヤーヴァン　ナ　マノー　ヴィジュニャーナ　ダートゥフ

（意訳）〔シャーリプトラよ。すべての存在は、空性《くうしょう》という特質を有しているのだから、私たち自身の眼の能力も、耳の能力も、鼻の能力も、舌の能力も、身体の能力も、意識の能力も、実体が無いものであった。それゆえ私たちの見聞きするような〕眼の認識領域も、〔耳の認識領域も、鼻の認識領域も、舌の認識領域も、身体の認識領域も、〕意識の認識領域も無いのである。

固唾《かたず》をのむ聴衆を前にして、シャーリプトラへ語りかけるブッダのメッセージは続きます。漢訳では「無眼界」とありますが、これを『金剛般若経』梵本などによって補足して、詳細に訳すならば、「自分の眼根を通して見ている外界の対象物について、そのまま見えている通りであると認識している領域的な根源（dhātu：ダートゥ）に、自性《じしょう》（本性）は存在しない」という意味です。要するに「眼識界は無し」ということですが、これは意訳にも示した通り、「耳識界」「鼻識界」「舌識界」「身識界」「意識界」のすべてが無いというわけです。ちなみに「A乃至B」とは、「AからBにかけて」ということですから、ここでは中間の三つが省略されています。

また法隆寺の梵本では、「マノー・ダートゥフ」と記述されているため、本来は「意界」と訳すべきという指摘もありますが、玄奘訳とチベット訳のいずれもが「意識界」となっています。少々ややこしいですね。そこで以下に図式化してみましょう。

この一覧表のうち、下の二列に示された「六根」と「六境」をあわせたものは、「十二処《しょ》」と呼ばれます。さらにこの「十二処」によって認識され、生起《しょうき》された思考の領域（界）が「六識」となります。これらの合計となる十八の領域が「十八界」と言われるものです。これが人間の見聞き

六根（感覚器官）	六境（知覚対象）	六識（認識）
眼根	色境	眼識
耳根	声境	耳識
鼻根	香境	鼻識
舌根	味境	舌識
身根	触境	身識
意根	法境	意識
（認識する側の能力）	（認識される側の対象）	（認識された領域の内容）

する認識や識別に関する世界のすべてです。

一般的に仏典では、「この世界のすべて」を意味する「一切」とか「諸法」と記述されている場合、実際に宇宙の果てまでといったような時間と空間のひろがりを指すことはありません。仏教において〝すべて〟を意味する「一切」とは、私たちにとって知覚が可能となる認識の領域だけを限定して指しているのです。したがって、人間が認識できる範囲の中で、ものごとの道理を見極めようという姿勢こそが、仏道修行者の最大関心事というわけですね。

その意味で仏教は、他宗教と違ってかなりリアリズム（現実主義）を追求する思想と言えるでしょう。少なくとも認識できる可能性の範囲を超えた世界、つまり来世や神々の存在を自然に受け止めることはあっても、その理由や場所への厳密な存在証明には、あまり努力を払ってはいないように思えます。理想的な人間社会を構築するために、現実世界に直接働きかけるよりも、自己の内面をどのように調えるかに力を注いでいるのです。

先述（18頁）にもふれましたが、社会人類学者のレヴィ＝ストロースが、とても興味深い指摘をしていることを思い出します。彼によれば、キリスト教を中心とした西洋の文化圏では、人間の興味の関心が、外へ外へと強く広がってゆく、いわば「遠心力的発想」の傾向が強いというのです。大航海時代に西部開拓、アポロやスター・ウォーズ計画などが好例です。

これに対して、仏教などを中心とした東洋では、同じ人間の関心は、内へ内へと向かっていく、いわば「求心力的発想」の傾向が強い文化圏であると指摘しています。なるほど自然科学分野における日本のノーベル賞受賞者を見ますと、古くは朝永振一郎《ともながしんいちろう》の量子力学に始まり、近年の物理学や医学の研究に至っても、ナノレベルの極小領域を得意とする研究者が多く活躍している印象を受けます。

◆「受け入れる認識」から「働きかける認識」へ

図1

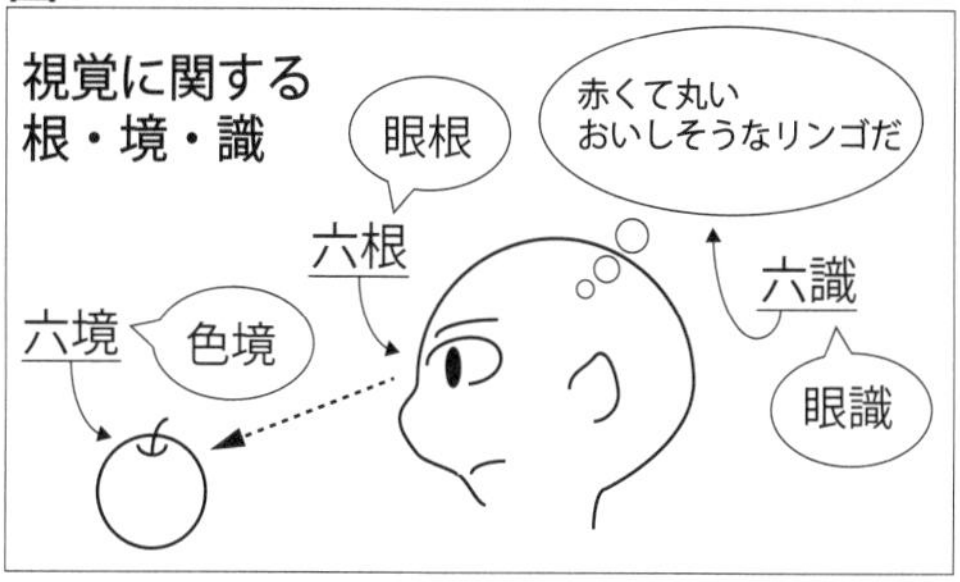

例えば、私たちは朝になって目覚めますと、「朝日がまぶしい」「小鳥のさえずりが聞こえる」「台所から味噌汁の香りがする」「歯磨きがしたいな」「心地よい布団にまだ入っていたい」「今日は大事な会議の日だ」といった具合に、とたんに「六根」の感覚器官が活動を始めます。それは、実際に日の出の太陽や小鳥の鳴き声などといった現実界の情報が、眼球や耳管の捉える対象として存在していることを意味します。これが「六境」です。ちなみに前回にも申し上げたように、「境」とは「対象」という意味です。

存在する対象（境）を識別する能力（根）が受け容れたならば、そこで「さあ、今日もまた仕事だゾ！」などといった認識（識）が生起してきます。ただし、しっかりと見ようとする意思や聞こうとする欲求が働かなければ、すべてが〝うわの空〟のまま過ごすことにもなってしまいます。したがって、仏教における認識とは、単純に感覚器官の働きを説明するものではなく、「どのような意思をもって器官を働かせているのか」という積極的な解釈―あるいは、むき出しの欲求の姿―を問いかけるものなのだという背景も知っておく必要があります（図1）。

さらに問題となるのは、今までにも述べてきましたが、その生起する私たちの認識（あるいは働かせようとする認識）が、いつも正しく機能するとは限らないことでした。否、むしろその多くは誤って認識されてしまうことです。なぜでしょうか？

理由は簡単です。見た通り、聞いた通りの情報に関して、私たちは〝こうあって欲しい〟とか〝好きだ嫌いだ〟とかいう感情が無意識のうちに加わり、さらには過去に体験した記憶が先入観となり、無自覚的にバイアス（偏見）がかかっているからです。この無意識にして無自覚のバイアスこそが「欲界」です。このバイアスの負荷《ふか》がかかっている「欲界」が、日常の私たちに網掛けになっているわけです。

例えばここにひとつのリンゴがあるとします。自分にとっては大好きなリンゴだと認識したとしても、隣の人にとっては大嫌いなものかも知れません。また実際に食べてみると、驚きのチョコレート菓子かも知れないわけです（図2）。

図2

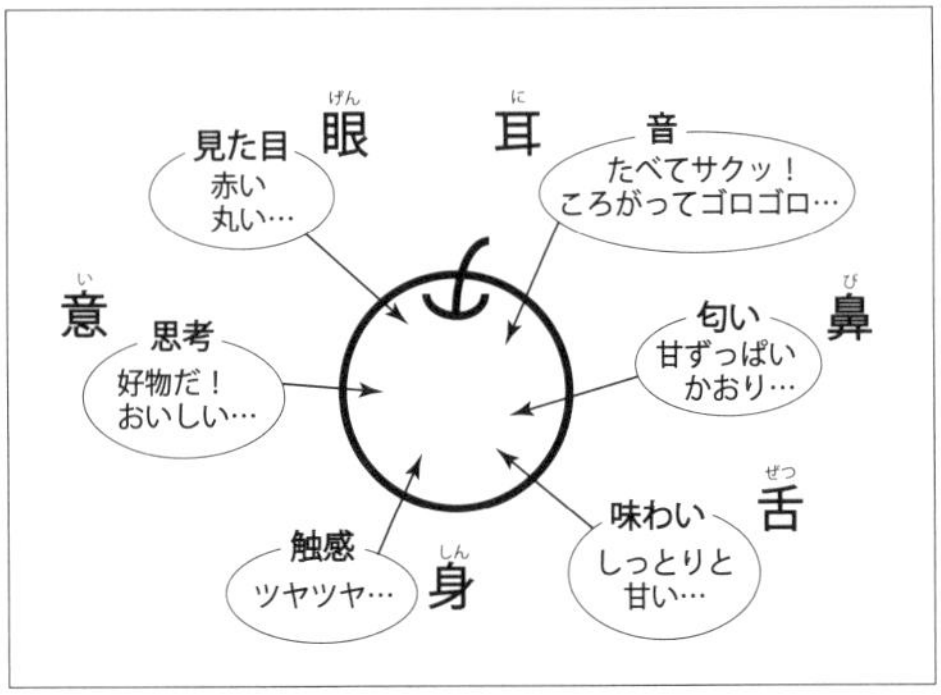

このように、私たちが認識するすべてを指す「十八界」は、少なくとも本質的に決まったものではなく、いつでもどのようにでも変化し得る〝無常な世界〟です。だからこそ、一切の存在（諸法）の本質は、空（無自《むじ》性《しょう》）ということになります。

ちなみに私たちがよく質問されることに、除夜の鐘がなぜ百八回なのかという疑問がありますが、これにも次のような組み合わせから来ているという説がありますので、参考までに紹介しておきましょう（図3）。

この「百八回」という数ですが、煩悩を六つの識界で分けると百八種類になるためであるといわれています。

六つの識界とは、五つの感覚器官である「眼、耳、鼻、舌、身」、第六意識（心）である「意」のことです。これらが人に迷いや欲を与えるものとされています。

この六つの識界で生まれた感覚・状態を表すのが「良し、悪し、平等」の3つ。それがさらに「浄（きれい）、染（きたない）」の2つに分類されます。

ここまでに分類した煩悩が、「三世」（過去、現在、未来）に渡り、人を悩ませるため、下記の図のような計算式になり、百八の煩悩となるわけです。

図3

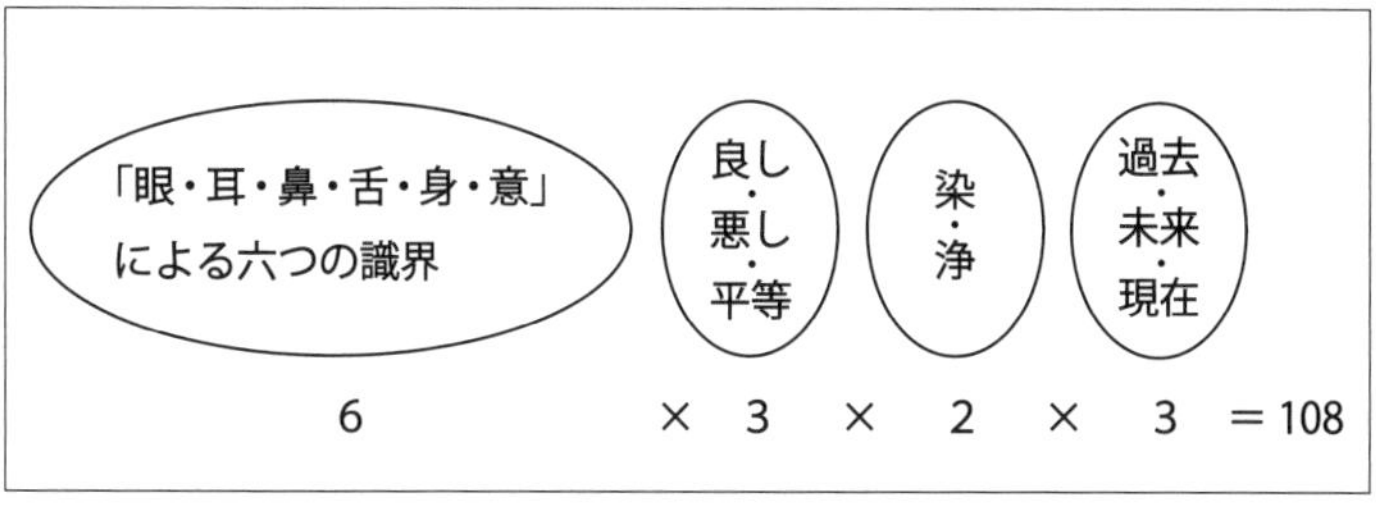

そうして除夜の鐘は、まさに百八の煩悩を撞ち放つというような意義づけをされたのです。

◆この「十八界」に生きる……

ことばの鍵

すばらしきかな大徳！　すばらしきかな大徳！
暗黒の世界に灯火をもたらすように、〝眼ある者は見よ〟と言うがごとく、
世尊はさまざまの方便をもって法を説き明かしたもうた……。

（『マッジマ・ニカーヤ』「婆蹉衢多火喩経《ばさぐたかゆきょう》」）

そこでひとつの疑問を呈しましょう。もしも、この十八界が人間世界のすべてであるとしたら、悟りの世界もこの十八界のうちにあるのでしょうか。

そんな素朴な質問をブッダに直接投げかけた修行者がいました。『マッジマ・ニカーヤ』の第七二経に「婆蹉衢多火喩経」という興味深い記述があります。『サンユッタ・ニカーヤ』にも同様の文言がありますから、おそらく実際にあったやり取りが記録されたものであろうと推測されます。右にあげた〈ことばの鍵〉は、その中に見出される一節です。

その時、ブッダはサーヴァッティー（舎衛城《しゃえいじょう》）の南方の郊外にあるジェータ（祇陀《ぎだ》）林の精舎にいらっしゃいました。そこに、おそらく拝火教《はいか》（ゾロアスター教）のような修行者と推測されますが、ヴァッチャゴッタ（婆蹉衢多）という外道《げどう》（他宗教の者）が訪ねてきたのです。それはブッダの所説について、いろいろ疑問に思ったのでしょうか、多くの質問を呈してきたのです。世界は永遠に続くのかどうか、世界の果てはあるのか無いのか、霊魂と肉体は一体なのか別個なのか、修行を完成した者（如来）は死後にどうなるのか……。こうした難問についての見解とともに、これらの疑問そのものを持ち合わせているのかを彼は直接問いかけたのです。しかし、これらに対するブッダの答えは、すべて否定的なものでした。注目すべきは、その質問が、いわゆる解脱の問題に及んだときでした。

「世尊よ、あなたの弟子たちが解脱したときは、いったいどこに往って生まれるのか？」

「ヴァッチャゴッタよ、〝どこか〟というある別な世界に赴いて生まれるという言い方は適当ではない」

「では世尊よ、彼らはどこへも往かないのか？」

「ヴァッチャゴッタよ、解脱すればどこかに往って生まれるとか、生まれないとかという疑問は、見当違いである」

悟りを意味する「解脱」はパーリ語ではvimutti《ヴィムッティ》、サンスクリット語ではvimukti《ヴィムクティ》もしくはvimoksa《ヴィモークシャ》です。「ヴィ」はものごとの分離、離別を意味します。「ムッティ」や「ムクティ」「モークシャ」は、自由になること、解放されることです。したがって解脱と訳されるこの術語は、何かの束縛から解き放たれて、自由になる状態を意味する概念となります。ヴァッチャゴッタにとって、最大の関心事は悟りを開いた者たちは、いったいどこの世界に往って生まれ変わるのかということだったのです。

ところがブッダにとって、そのような疑問自体にまったく関心がなかったようで、「見当違いである」として門前払いにしてしまいます。

◆「十八界」だからこその解脱

質問自体が見当違いと指摘されたヴァッチャゴッタ。彼はもう、何が何だかわからなくなってしまい、混乱状態に陥ります。その様子をご覧になったブッダは、相手が呑み込めるように、今度はブッダご自身が質問者になって導きます。

「ヴァッチャゴッタよ、今度は私の方から質問しよう。思うままに素直に答えなさい。もし今、あなたの目の前で火が燃えているとしたら、それをどのように思うか?」

「世尊よ、それはただ火が燃えているだけです」

「ヴァッチャゴッタよ、その通りである。では、その火はなぜ燃えているのかと問うたならば、あなたはどう答えるか？」

「世尊よ、おそらくそれは、薪《まき》か何か焚《た》きつけるものがあるから、それが燃えているのです」

「そうだ、その通りである。しかし、やがてその火が消えたとしたら、それをどういうだろうか？」

「世尊よ、それは火が消えたというだけのことです」

「ではヴァッチャゴッタよ、その火は消えて、どこかへ往ってしまったのか？　と問われたら、あなたはどう答えるであろうか？」

「世尊よ、それは問い方がおかしい。その火は、薪か何か焚きつけるものが燃えていたから火があったのです。その薪が尽きたために消えたというだけのことでしょう。消えた火が、どこに往ったのだろうかと問うことは、見当違いというものです」


このようなブッダとの対論をすすめるうちに、もはやヴァッチャゴッタ自身も気づきはじめていたようです。あるいはブッダの表情も、緩《ゆる》んでいたのかも知れません。最初に見当違いの質問をしてきたのは、ヴァッチャゴッタであったにもかかわらず、いつの間にか主客が逆転して、自分の見当違いであったことのみならず、そもそも解脱とはどのように理解するべきかということまで、彼にはわかったのです。

すると、とたんにブッダの所説とは、明快にして極めて単純なものだったと気づきます。それが彼なりの悟りでした。

そもそも解脱は人間が見出し、人間が到達するものです。生きとし生ける者たちにとって、身についた智慧でなければなりません。したがって、解脱は神々のためでもなく、また来世や前世のように存在するのか否かの不明なものから生起して、やって来るものではありません。生きているからこその解脱であり、正しく生きることと同義であるからこその智慧なのです。したがって、生命の躍動する領域である「十八界」の中にあって、はじめて解脱の存在が顕現してくるのです。

「ああ、世尊よ！　まことに神聖なるサーラの大樹の、葉も枝も樹皮も脱落して、ただ心材のみを残して佇《たたず》んでいるように、

世尊の説かれたもうたところは、

ただ心材のみをもって確立しているではないか！

（中略）

すばらしきかな大徳！　すばらしきかな大徳！

暗黒の世界に灯火をもたらすように、

〝眼ある者は見よ〟と言うがごとく、

世尊はさまざまの方便をもって法を説き明かしたもうた！

私は今ここに、世尊（仏）に対して帰依《きえ》したてまつる！
法（教え）に対して帰依したてまつる！
僧伽《サンガ》（教団）に対して帰依したてまつる！」

このヴァッチャゴッタと名乗る若者の素直な告白は、現代に生きる私たちにとって、ひときわ輝きを放つ言葉であると思われます。とかく後世の人間は、ブッダの存在やその教えを雲上の高みにまつりあげてしまいがちです。もちろん尊崇の対象として、偉大な師とその教えを仰ぐことは必然であり、重要なことです。しかし同時に、そうした崇拝の果てで、私たちは何か大切なものを失っているのかも知れないのです。それは人間ブッダの息づかいであり、ぬくもりであり、〝生きた言葉〟が存在していたという事実です。

「無眼界乃至無意識界」という短い言葉には、あなたの眼や耳などの働きも、もし教えにしたがって活かすことが出来たならば、解脱の世界として〝仏の十八界〟に生きることは、何人にとっても可能なのだと語りかけているブッダの姿があるのです。

第十五話　縁起と無明

◆【無《むー》無《むー》明《みょう》亦《やく》無《むー》無《むー》明《みょう》尽《じん》】

（梵）　na vidyā nāvidyā na vidyākṣayo nāvidyākṣayo

（発音）ナ ヴィドゥヤー ナーヴィドゥヤー ナ ヴィドゥヤークシャッヨー ナーヴィドゥヤークシャッヨー

（意訳）〔シャーリプトラよ。すべての存在は、空性という特質を有しているのだから、眼の認識から意の認識に至る五蘊十二処十八界《ごうんじゅうにしょじゅうはちかい》という〝心の母体（＝十八界という認識の基盤）〟は、本来ことごとく存在しないものであった。したがって、それと同じように〕無明《むみょう》（理解・気づきのないこと）も無く、無明が尽きることも無いのである。

今回もシャーリプトラへ語りかけるブッダの言葉から始まります。そこでは、私たちの経験するような見る、聞く、嗅ぐなどといった「六根《ろっこん》」と「六境《ろっきょう》」をあわせた「十二処」と呼ばれる認識と、そこに生起してくる視覚、聴覚、嗅覚などの「六識」をあわせたすべての母体（基盤）である「十八界」は、すべて本質を欠く〈空なるもの〉であると断じられたのでした。

したがって、人間の及ぶ認識世界のすべてが空であるとするならば、たとえそれが究極の境地である〈悟り〉であっても、やはり同様に捉えられるべきであろうとの論者の目的から導き出された一文こそ、この個所なのです。

すなわち、仏教における根本の教義とは、まず縁起《えんぎ》説であることに疑いはないのですが、この縁起説によって最終的にたどりつく人間の真相こそが、この「無明」なのです。

「縁起」の原語は、「因縁」とも訳され、語義的には「プラティ・イティヤ・サム・ウットゥパーダ(pratītya-samutpāda)」といわれる言葉になります。「プラティ」とは「〜に相対して」、「イティヤ」は「向かって行く」ということ。さらに「サム」は何か複数の要素が集まって束ねられる（まとめられる）ような状態の接頭辞で、「ウットゥ」は「上のほうに」とか「表面に」、「ウパーダ」は「起こってくること」という意味です。要するに「何かに縁りて生起してくること」から、「縁起」と訳されてきたわけです。

したがって、私たちが日常語として「縁起がよい」「縁起がわるい」とか、「縁起をかつぐ（ゲンかつぎ）」と使ったり、あるいは神社仏閣の由来を「○○縁起」などと用いる場合は、いずれも本来の意味ではありません。

ここから『般若心経』は、その「無明」から続く十二の縁起説について、いずれもその概念を実体化し、固定化する考えを否定する場面となります。

◆「縁起を見る」ということ

ことばの鍵

「縁起を見る者は、法を見る。法を見る者は、縁起を見る」
「縁起を見る者は、法を見る。法を見る者は、われ（仏）を見る」
（『マッジマ・ニカーヤ』『サンユッタ・ニカーヤ』ほか）

この〈ことばの鍵〉は、以前にも登場した言葉です。これほど縁起という思想が初期の仏典においても重視されていた理由は、おそらくブッダの菩提樹下の悟りの内容であった事実を示しているからだとあらためて考えさせられます。もちろん私たちが知るところの十二縁起説という形になるまでは、滅後になってしばらく時間を要した可能性がありますが、少なくともブッダが人間の苦しみの意味を追求されたとき、そこに「縁起を見た」ことは事実であり、その根本に「無明」という存在があったと気づいたことは、なんといっても揺るがしがたい出来事であったと信じて受け止めたいのです。

ただし、この事実を理解するための最大のポイントは、人間の苦しみは絶対的で固定したものではなく、必ず苦しみには消滅する道が開かれていることです。すなわち苦しみという存在は、何らかのある条件（縁）によって出現してきた〝原因の集合体〟であったというブッダの気づきです。理由に依存した存在であれば、理由を修正した集合体を導くことによって、結果は違った存在になるはずです。

そして次に大切なポイントは、「縁起を見る（pratītya-samutpāda paśyati）」という表現を正しく知ることです。「見る（パシュヤティ：paśyati）」とは、この場合「注意深く観察する」「凝視《ぎょうし》する」「考察する」「思量して見出す」という意味であることを見逃してはいけません。

一般に（ほとんどの仏教書では）、縁起の「理法」とか「道理」、ひどいものには「法則」と説明されています。しかしこれは大きな誤解であり、危うい説明です。縁起という教えは、決して仏が世に出ようと出まいと、はじめから存在しているような道理や原則ではないからです。あくまでもブッダご自身が知ったことであり、そのご生涯から気づいたことです。すでに初期仏典の中にも、ブッダの涅槃が「古城への道」の果てに〝発見されたもの〟という譬喩が登場することは、私たちの誰もがたやすく陥りやすい習性であることを物語っています。

もし「縁起」そのものを、例えば生産工場のベルトコンベアーに載った製品のように、あるいは正当な解が予め導き出される数学の公式のように、ある一定のシステムや仕掛けの構造ととらえたならば、それこそ思想の死を意味することになるでしょう。ですから私は、先に「信じて受け止めたい」と説明したのです。

また、私たちが縁起をひとつの「道理」や「法則」ととらえた場合、十二の各々が要素として固定化され、実体化された存在に見なす危険性があります。ここで詳細は申し上げませんが、大乗仏教が興起する以前の説一切有部《せついっさいうぶ》のように、部派仏教によって存在の五位七十五法《ごいしちじゅうごほう》のそれぞれが実体化され、法が固定化されてシステムアップしたような理解にも通じることなのです。

あくまでも一人ひとりの人間にとって、苦しみの原因となった根本には何があったのかを〝真摯《しんし》に追求する姿勢〟が縁起という生き方です。したがって「縁起を見る」とは、その意味で宗教は思想を体系化（大系化）したものではない見方ということです。

これは決して仏教に限った考え方ではありませんが、思想は思想としてどこまでも知的に生きている必要があります。とりわけ〈祈り〉という心の営みは、ある種の安心のシステムやマンネリの構造に収斂《しゅうれん》されることがあってはならないからです。あたかもそれは、結婚が婚姻届という用紙一枚に語ることができないことにも似ています。法律化され、文言化された書類は、単に形骸化《けいがいか》した帰結にすぎませんから……。少々恥ずかしい言い方ですが、恋するごとに初恋と言えるのが、生きた恋愛というものではないでしょうか。

◆「無明」を知るということ

ことばの鍵

もしも愚か者が、自分自身を愚か者であると考えるならば、それは〝すでに愚か者ではなく〟そのまま賢い者となる。

愚か者でありながら、しかもみずからを賢い者だと思い込む者こそ、実は「愚か者」だと言われる。
愚かな者は生涯にわたって賢い者につかえても、真理を知ることが無い。
あたかも匙《さじ》がスープの味を知ることができないように……。
聡明《そうめい》な人は瞬時のあいだに賢い者に仕えても、ただちに真理を知る。
あたかも舌がスープの味をただちに知るように……。

（『ダンマパダ』第六三、六四、六五偈）

さて、そのような生き生きとした縁起の観察によって窮《きわ》まったところに、私たちの「無明」は横たわっています。「無明」の原語は、「ア・ヴィドゥヤー（a-vidyā）」。「ア」は否定の接頭辞、「ヴィド」は「〜を理解する、熟知する」という動詞の語根から出来た女性名詞です。ちなみに「ヴィドゥヤー」は、単に「学術」「学問」「知識」を指します。

そこで「ア・ヴィドゥヤー」は「無知」とも解釈されますが、真理にくらいという意味で「無明」と訳されました。ときに「黒闇」「愚痴《ぐち》」「不明」と訳されるのもそのためです。

したがって「無明」の本義を理解しようとするとき、私はいつもテーブルの上に美しく磨かれて並ぶ食具の姿を思い出します。ナイフやフォーク、そしてスプーンはどれほど光り輝き、美しい姿として存在しても、〈道具〉としての宿命を逃れることは出来ません。哀れとしか言いようがありませんが、彼ら食具は終生、食事を摂る主人とともに極上の料理に浸りながらも、ついにその味を味わうことはなく、喜びに感動することもありません。

それを愚か者が真理を目の当たりにしても、あたかもスープにおける匙のように真理にくらく、決して真理を味わい知ることがないものだとブッダは戒めます。そしてこの愚かな姿こそ、仏教では「無明」と言うのです。どこかソクラテスの「無知の知」にも通底する考え方ですね。またそのソクラテスも、ブッダとほぼ同じ時代を生きていたという偶然に深い感慨を覚えます。

リンネの「ホモ・サピエンス」という人間の定義は、人口に膾炙した言葉です。ラテン語で「ヒト」を意味する「ホモ」に、「考える」という性質の「サピエンス」を与えて「英知人」と訳されます。人間は他の動物とは異なり、「考えることができる存在」と見なしたわけです。

同様にベルクソンは、人間を「ホモ・ファーベル」と定義しました。「人間は道具を作る存在」という意味で、「工作人」とも訳されます。ただし、ベルクソンも注意深く指摘しているように、「人間」はただ単に道具を作り、使う知恵に優れているという意味ではありません。それを言えばサルやある種類の鳥なども、見事に道具を使うことがあるからです。ここで重要なことは、「道具」とはたいへん便利な性質がある一方で、実に〝恐ろしい性格〟を持っているという指摘です。

すなわち道具は、快適で便利であるがゆえに、人間の心を歓喜させて魅了し、ある意味で面倒な作業でもある「考える」「知る」という知的行為まで奪い去ってしまうという性格が備わっているものです。道具は人間に使われながら、いつの間にか主役を奪い〝人間を使う存在〟へと放逐《ほうちく》するのです。

つまり私たち現代人は、すでに道具化された人間になってしまった可能性さえあるのです。誰にも気づかれぬうちに……。

近代以降、人間はいよいよ盛んに道具を作ってきました。自動車や飛行機、テレビやパソコン、スマホなどにとどまらず、小説や絵画を創出する人工知能（Artificial Intelligence）まで生み出しました。安全で安心で快適な生活をもたらした点で、これは実に頼もしいことで歓迎すべきことに違いありません。しかし、その頼もしい道具（あるいは産業革命も）が、かえって人間の人間たる所以《ゆえん》である人間性を忘れさせてしまう恐怖がそこに潜んでいます。

それゆえ、ブッダは最初の説法において、「正見（ものごとを正しく見つめて知ること）」を第一の実践に掲げるために、「正念《しょうねん》（正しい憶念、不忘念）」「正定《しょうじょう》（正しい精神の集中）」を持続的に実践させることによって八正道《はっしょうどう》を完結させているのです。すなわち「初転法輪《しょてんぽうりん》」の八正道と四諦説《したいせつ》という実践面と理論面の教義は、あくまでも縁起の思想とその根本に待ち受けている「無明」の存在を知らしめるために説かれているものと言えます。

スープに浸った匙のように、学問の道にある者が学問の道具になってはならず、宗教の道を歩む者が宗教の道具になってはなりません。それゆえ、私たちが無明（無自覚の無知）を自覚するためには、自己には愚かさ（無明）があるといっても、それは決まったものではないもの（本質性、固定性がないもの）と常に知るべきです（＝無無明）。

さらにまた、自己の愚かさは決まったものではない以上、生きている限りは、その愚かさを抱えながら生きてゆくしかないのですから、愚かな自己を肯定しつつも、同時に愚かさを完全に尽き果たそうとする智慧への願望からも、自己否定を超えたさらなる自由の境涯《きょうがい》（＝無無明尽）が、ここには求められているのです。

◆自己肯定と自己否定のはざまで……

ことばの鍵

わずかに身を支うることを得て以《もっ》て飢渇《きかつ》を除け。蜂《はち》の花を採《と》るに、ただ其の味のみを採って、その色と香りを損うことなきが如《ごと》し。

（意訳）
自分の身体の健康を保持するために、最小限度の量を摂食し、飢えや渇きを満たしなさい。あたかもミツバチが花から蜜を得ても、花の色や香りを傷つけることをしないように。（『遺教経《ゆいきょうぎょう》』第七節）

ふと思うのですが、私は人類にとって最大の敵は〝おのれの無自覚さ〟ではないかと思うときがあります。新型コロナウイルス感染の拡大した問題も、基本的には（無症状ではなく）無自覚さに起因しているところが大きいと思います。何しろ無自覚の状態にいる自分が相手ですから、それを自覚することと自体、すでに矛盾を孕《はら》んでいます。また自覚することに意味のある問題ですから、他人はまったく〝よるべ〟になりません。まさに難敵中の難敵です。

したがって「ア・ヴィドゥヤー（無明）」は、バラモン教やヒンドゥー教にとっても極めて重要な術語となっています。ソクラテスの「無知の知」も然り、キリスト教における「原罪《げんざい》」の考え方にも通底するものがあります。人間は、求めるべき理想から離れた自己の存在を見つめるとき、そこに必ずひそむ人間の現実の根底にある問題に気づくはず。道元禅師が坐禅の要諦として「箇《こ》の不思量底《ふしりょうてい》を思量せよ（自己の考えがおよばないところを考えよ）」と示されたことは、私には「無明という現実問題にしっかり向き合いなさい！」というメッセージにも聞こえます。言葉や宗教は違っても、「無明」こそ人類普遍のテーマと言えそうです。

またブッダがもっとも伝えたかったことが、「無明」に起因する縁起説であったとすれば、それが〝生きた教え〟として脈々と受け継がれるために、その意味（本質）を固定化し、形骸化してしまうような私たちの無自覚的な悪癖から何としても遠ざける必要があります。いわゆる教義の「悟りへの道具化」という問題です。そうした問題を乗り越え、教えが活性化するために不可避の概念となるのが、やはりその意味自体（本質）を否定する「無」であり、「空」ということになります。

それゆえ「縁起」と「空」の関係を考えるときには、一定の順序があります。「縁起せるがゆえに空である（『大智度論《だいちどろん》』）」とはありますが、これと反対に「空なるがゆえに縁起せり」という説明はどこにもありません。つまり、つねに縁起が理由であり、空は帰結なのです。

この「縁起→空」という一方的、かつ不可逆的である主張は、仏教理解のおさえどころです。決して「空」は、シンボルとして先頭に立って標榜《ひょうぼう》されるものではなく、あくまでも観察の結果として辿り着いた結果なのです。おそらく縁起の観察という知的な営みの前に、「空」が先行すれば、それは自己否定のニヒリズム（虚無主義《きょむ》）というものなのでしょう。

そこで私たちは、自己肯定の甘えにとどまらず、自己否定のニヒリズムにも陥ることなく、正しく「無明」の理解に辿り着くために、すなわち「縁起」が空しいものと理解されないためには、いったいどのような心がけで日々を過ごしたらよいのでしょうか。そのヒントが、ここでの〈ことばの鍵〉です。

サーラの林の中、ひときわ大きくそびえる二本の木のもとで、偉大な尊者ブッダは最期を迎えました。そのいまわの際に仏弟子たちに説かれた遺言の教え、それが『遺教経』という小さな経典として日本に伝わっています。その中のうるわしい一節を右にとり上げました。

ミツバチは花から花へととびわたり、蜜を集めます。そのとき、ミツバチは決して花の色や香りを損なうことはありません。ただ蜜だけを採ってゆくのです。

このことを喩《たと》えとして、ブッダは仏弟子たちに最期の教えとして飲食の心構え、村々を行く頭陀《ずだ》行《ぎょう》の留意点を教えたのでした。遺言として記されたこの言葉は、さらに『ダンマパダ』第四九偈や『ウダーナ』第一八章第八偈にも同様に見えますから、仏弟子を指導するうえで、極めて重要な戒めであったことに相違ありません。むしろこれは、単に食事の節制や托鉢《たくはつ》の作法を示されたのではなく、空という思想的帰結に至るための、具体的かつ身近な実践法（理由の具体化）を伝えたのだと私は思います。このミツバチのごとき空なる生き方をこんな風に生活のすべてに落とし込むことが出来たとき、きっと「無明」を乗り越え、また乗り越えたという自負の滞《とどこお》りにも打ち克《か》てるのでしょう。

第十六話　十二縁起をめぐって

◆【乃至無老死亦無老死尽《ないしーむーろうしーやくむーろうしーじん》】

（梵）　yāvan na jarāmaraṇaṃ na jarāmaraṇakṣayo

（発音）ヤーヴァン　ナ　ジャラーマラナン　ナ　ジャラーマラナクシャヨー

（意訳）〔シャーリプトラよ。すべての存在は、空性という特質を有しているのだから、〕それ（＝無明《むみょう》）と同じように、〔十二の縁起《えんぎ》するもの、そのすべてが空なるものである。すなわち〕老いること・死ぬことも無く、老いること・死ぬことが尽きることも無いのである。

古くから『般若心経』は仏教事典のようだとの評価があります。仏教の重要な教義が網羅されているからです。また日本の各宗派でもっともひろく読まれている稀有《けう》な経典です。実際、日々の勤行や法要では扱わない宗派も中にはありますが、たとえ根本聖典と位置付けていないそうした宗派でも、基礎教理学の教養として『般若心経』は学ばれています。

ただし『般若心経』はあくまでも〝事典のようだ〟という視点では、その意味を理解することは出来ません。網羅されている教義は単なる羅列ではなく、必然的な順序立てのもとに論述されているからです。

すでに述べてきたように、人間の認識の営みである「五蘊《ごうん》」は、実は空性という特質を有しているからこそ、「十二処《じゅうにしょ》」も「十八界《じゅうはちかい》」もすべてが空なるものと明かされたのであり、十八界のすべての本質が空だからこそ、成道《じょうどう》の内容でもある「無明」の実体も空なるものに他ならなかったわけです。

したがって、今回はその「無明」に続く「十二縁起」のすべてが、それぞれ〝同様にして（yāvan, ヤーヴァン）〟空性という特質を有すると説かれるべき一段のところ、中間を省略して最終の「老死」を記す形になっています。ちなみに「ヤーヴァン」は否定の「ナ」を伴って、「Aがそうではない限り、Bまで同様にして、そうではない」という定型句です。つまりAからBまで（この場合は縁起する十二のもの）が、それぞれ独立自存的に空性として存在するのではなく、因果の流れの中にある前提条件のもとで、はじめてその空性である姿を知るという意味です。

それでは十二の縁起するものを見てゆく前に、そもそも「老」とは何か、「死」とは何かについて考えてみましょう。

◆人間にとって「死」とは何か

ことばの鍵

死は我々にとっては無である。
われわれが生きている限り死は存在しない。
死が存在する限り我々はもはや無い。
（エピキュロス『メノイケウス宛の手紙』）

そもそも人間にとって、そして自分にとって、「死」とはいったい何でしょうか。この疑問は人類の歴史上、あらゆる宗教者や哲学者たちが問いかけてきた難問です。

生をあきらめ死をあきらむるは佛家《ぶっけ》一大事《いちだいじ》の因縁なり。（道元禅師『正法眼蔵』「諸悪莫作《しょあくまくさ》」）

道元禅師も「生とは何か、死とは何かを明らかにすることは、仏教者としてもっとも大事なことである」と説き明かしています。そもそも「人間」という日常語は経典由来の仏教語ですが、その原意は〈人として生まれてから死ぬまでの間〉ということです。現在のような〝人と人の間〟のコミュニケーションを意味する「人間」という解釈や使い方は、どれほどさかのぼっても江戸時代の後期からしか確認できません。つまり仏教とは「人間の教え」なのですが、それはとりもなおさず仏教が、「生まれてから死ぬまでの間」を主題とするものであり、人として存在する間に何をするべきかを考える宗教に他ならないわけです。

例えば、仏式における死者への丁重な儀礼は、同時に生者がそこに活かされているという表裏一体の姿を持ち合わせています。死者への語りかけが、そのまま生者自身への問いかけになるのです。

とはいえ、人間にとって「死」を考えること自体、実は想像以上にかなりの難問です。そのことは意外にも、「死」を楽観的に捉えていたエピキュロス（紀元前三四一～二七〇）が端的に表わしていると言えるでしょう。それが右の〈ことばの鍵〉です。

周知のとおり、彼は「エピキュリアン（快楽主義者）」という言葉の由来にもなった人物です。ときに「美食家」とも訳される語源の彼ですが、しかし実在の人物は決して現代人のイメージするような“快楽主義者”ではありません。

彼が鋭く指摘するように、「死」は体験した事実として思考できない存在だということです。なぜなら、やがて起こるであろう未来の死を現在に経験することは不可能だからです。同じように、もし私たちが実際に死を迎えたとき、もはやその「死」を思考する私自身はどこにも存在しません。つまり人間（＝人として存在する間）にとって「死」とは、いつでも想定する範疇《はんちゅう》を超えた「想定外」の現象なのです。だとすると、「死とは何か」を考えるという営みは、想定外を想定すること、思考できない先を思考するということになります。あるいは「不思量底《ふしりょうてい》を思量する」という考え方に通じるかも知れません。

さらに重要なことは、この「死」という事実をどのように自覚するのかという問題は、そもそも

「縁起とは何か」を考える起点でもあるという点です。この視点は、仏教の生命線に関わる重要な問題へ転換せしめる発想で、是非とも気づいていただきたいところです。

◆知ることは信じること

「死」とは何かという問題とともに、かつての私は、なぜ現代の仏教は葬祭《そうさい》を重要視するのかと疑問に思う時がありました。あるいは産業システムとしての仏教を支えるためだからではないかなどと、まったく単純に思い込んでいた学生時代もありました。

しかし、やがて年齢とともに「死」が徐々に身近な出来事として実感するようになると、ある程度の答えらしきものとして、「死」こそが人間のあらゆる苦しみの中でもっとも〝苦なるもの（思い通りにならない存在）〟だからだという視点が開けてきました。実際、そのように「死」を解釈した仏教書や解説書がほとんどです。また、そうした人間の〈最大の苦〉を受け止めることから始めて、「死→老→病→生→有→取……」と縁起の意味を辿りつつ、最終的に「無明」の存在に近づこうという意思の向かい方は、おそらくは仏教的にひろく考えられてきたところです。

ただ、仏教が「死」を重んじるのは、果たしてそれだけが理由なのでしょうか。もちろん一般的に「死」は〈最大の苦〉である事実には相違ありません。死んでしまったら、人間はすべてが終わりになるのですから。しかし、安楽死や尊厳死の問題が存在するように、私たちにとって、「死」よりもさらに大きな苦の現実に直面することも、経験上あり得るのではないかと思います。

では、なぜ仏教は「死」をあえて究極の苦と位置づけるのでしょうか。

それは、あくまでも私の理解なのですが、エピキュロスが指摘する通り、「死」はリアルタイムで思考することの出来ない〝彼岸《ひがん》の彼方《かなた》にあるもの〟だからではないでしょうか。今ここで直接経験できない苦だからこそ、健康と若さに対する奢《おご》りある者にとっては、なおさら「死」の問題は対岸の火事に終わってしまう他人事です。

しかし、人間にとって「死」とは、例外の無い確率百パーセントで発生する問題です。それゆえ、安心と安全の毎日を当然のように送る者にとって、「死」の重大さを肌感覚で理解することは、極めて難問となります。だからこそ、「死」とは何かという問いかけは、学問の範疇ではなく、宗教の問題であり、祈りによってアプローチするべきテーマになります。事実を受け取る情報ではなく、むしろこれから起こるであろう「死」について、どれだけ深く自分事の切実な問題として、諸行無常を信じることが出来るか否かという問題だからです。

こうして「死」の問題が、思考する彼方にあるような〝信じるべき対象〟であるとすると、やはり健康な者にとっては「病」が、若い者にとっては「老」が、実は同じようにすべて彼岸の彼方にたたずんでいることにも気づいてきます。ましてや「生《しょう》」（四苦《しく》のひとつの生苦は生まれの意であり、生きる意ではない）は、誰もがすでに経験したことにもかかわらず、（潜在意識はともかく）人間はしっかり生まれた時の記憶を忘れるようになっていますから、やはり「死」と同じように「生」は直接知覚して思考することが出来ない存在ということになります。したがって最終的には、「無明」も同じ〝彼岸の彼方〟であったのだと気づかされるでしょう。

このように「縁起を知る」とは、知覚経験の及ばない存在を知ることの意味をも含んでいます。私からすれば、単純に十二縁起の冒頭と最終の「無明」と「死」をとり上げて「乃至」によって中間を省略していると言われれば、何ら引っかかりのない箇所なのですが、重要なのは「無明」と「死」が、〝今ここで私が知覚経験できない存在である〟ということへの直観的な気づきです。「我思う。ゆえに我あり」になぞらえれば、「我思わざるものあり。ゆえに我信ず」ということです。そしてこれは、『般若心経』の最終段階で語られる「彼岸に渡る」という陀羅尼《だらに》を知るための布石でもあります。

この世界において、経験知覚が及ぶ存在であれば、誰でも容易に関心をもって観察する対象となるでしょう。しかし彼岸の彼方の「縁起」はそうした単純な対象ではありません。「生老病死」を切実なものと観察し、身をもって諸行無常に気づいた者だけが信じるもの、それが「縁起」です。それゆえに、縁起は決して現象の法則ではなく、気づいて信じる因縁なのです。

◆十二縁起とは何か

私たちが縁起をどのような態度で受けとめるべきか、その前置きに紙幅を占めてしまいましたが、肝心の「十二縁起説」について、ごく簡単に紹介します。

「ニカーヤ」や「阿含《あごん》」のそれぞれには「十二縁起説」の定型文といわれるものが見られます。パーリ語も漢訳もほとんど同じですが、ここでは主にパーリ語にしたがいます。


比丘らよ、縁起（paṭicca-samuppāda）とは何であるか。

比丘らよ、無明（avijjā）に縁《よ》って、行（saṅkhāra）が起こる。

行（saṅkhāra）に縁って、識（viññāṇa）が起こる。

識（viññāṇa）に縁って、名色（nāma-rūpa）が起こる。

名色（nāma-rūpa）に縁って、六処（saḷāyatana）が起こる。

六処（saḷāyatana）に縁って、触（phassa）が起こる。

触（phassa）に縁って、受（vedanā）が起こる。

受（vedanā）に縁って、愛（taṇhā）が起こる。

愛（taṇhā）に縁って、取〔執着〕（upādāna）が起こる。

取（upādāna）に縁って、有（bhava）が起こる。

有（bhava）に縁って、生（jāti）が起こる。

生（jāti）に縁って、老（jarā）・死（maraṇa）・愁（soka）・悲（parideva）・苦（dukkha）・憂《う》（domanassa）・悩（upāyāsa）が起こる。

このようにして、この全ての苦の集まり〔苦蘊〕の生起がある。

しかし、貪欲を厭《いと》い離れ、まったく無明が滅することに縁って、行が滅する。
行が滅することに縁って、識が滅する。
識が滅することに縁って、名色が滅する。
名色が滅することに縁って、六処が滅する。
六処が滅することに縁って、触が滅する。
触が滅することに縁って、受が滅する。
受が滅することに縁って、愛が滅する。
愛が滅することに縁って、取（執着）が滅する。
取が滅することに縁って、有が滅する。
有が滅することに縁って、生が滅する。
生が滅することに縁って、老・死・愁・悲・苦・憂・悩が滅する。
このようにして、このすべての苦の集まりの滅尽がある。

これらは「縁起法」として、ブッダが菩提樹下にて悟りを開かれたとき、その内容として示された相当箇所で、ほぼ類似した記述が『中部《ちゅうぶ》』、『増支部《ぞうしぶ》』、『小部《しょうぶ》』、『律蔵《りつぞう》』「大品《だいぼん》」、『雑阿含《ぞうあごん》』などに散見されます。

以前ここで申し上げた「言語習慣への無反省」にもとづくような日常の自己に対する無知によって、これに依拠して形となった身体・言語・精神の三つの活動（身・語・意の三業）が生起します。これが「無明→行」という縁起生です。

続いてその三業に依拠して〝わたし〟という認識する主観やそのはたらきが生起します（行→識）。さらにこの無反省な認識主観や作用に依拠した形で、自己の心と体が生起します（識→名色）。以下、同じようにその自己の心と体に依拠して、見る・聞く・嗅《か》ぐなどの六つの感官が生起し（名色→六処）、その六感官をそなえた無反省な〝わたし〟が、自己をとりまく環境にある対象と出会い、接触します（六処→触）。その対象との出会いは、無反省で煩悩に覆われているために、それに依拠した形でその人なりの感受性が生起し（触→受）、その無反省な感受性は、「これが欲しい」「それは私のものだ」という渇愛が生起します（受→愛）。

この渇愛は、まるで砂漠の真ん中で水を渇望するがごとく、理性で止めることが出来ないほどの強烈な欲求とされ、苦受のものに向けては、これを憎み避けようと激しく憎悪します。その反面、楽受を与えるものに向けては、これを愛し求めようと胸をときめかせ、熱望を現起させるものです。

やがてこの渇愛に依拠するならば、もう誰にも止められないほどの実際行動として、奪取や破壊活動といった執着を生起させます（愛→取）。

この執着の行動にはさまざまな取捨選択の形があります。愛するものにはこれを奪取し、憎むものにはこれを払いのけ、ときには殺傷して破壊するという強力な行為を現起させます。

さらにこの無反省な実際行動に依拠して、その行為の余力が無知に由来する今の存在を生起させます（取→有）。その存在に依拠して、今の私の生まれとなり、あるいは私自身がただ今の経験を生起させます（有→生）。

こうして最終的に私の生まれは、無反省に依拠した老いの姿と、やがて迎えるであろう死を生起させることになるというのです（生→老死）。

実は数か所の定型文によると、「老死」の後に「愁（憂いやふさぎ込み）」、「悲（悲しみとなげき）」、「苦（苦悩）」、「憂（落胆や憂い）」、「悩（不快や悩み）」が加えられています。「十二縁起」の場合、これら「愁」などが「老死」の苦悩によって総括されているものと考えられます。

つまり無明という誤った人間の考えや行為に依拠して、私たちは「死」を受け止めて苦悩しているというわけです。こうした因（原因）・縁（条件）・果（結果）の具体例が、「十二縁起」をはじめとするさまざまな縁起説の基本的な内容です（下記図）。

【十二縁起の内容】

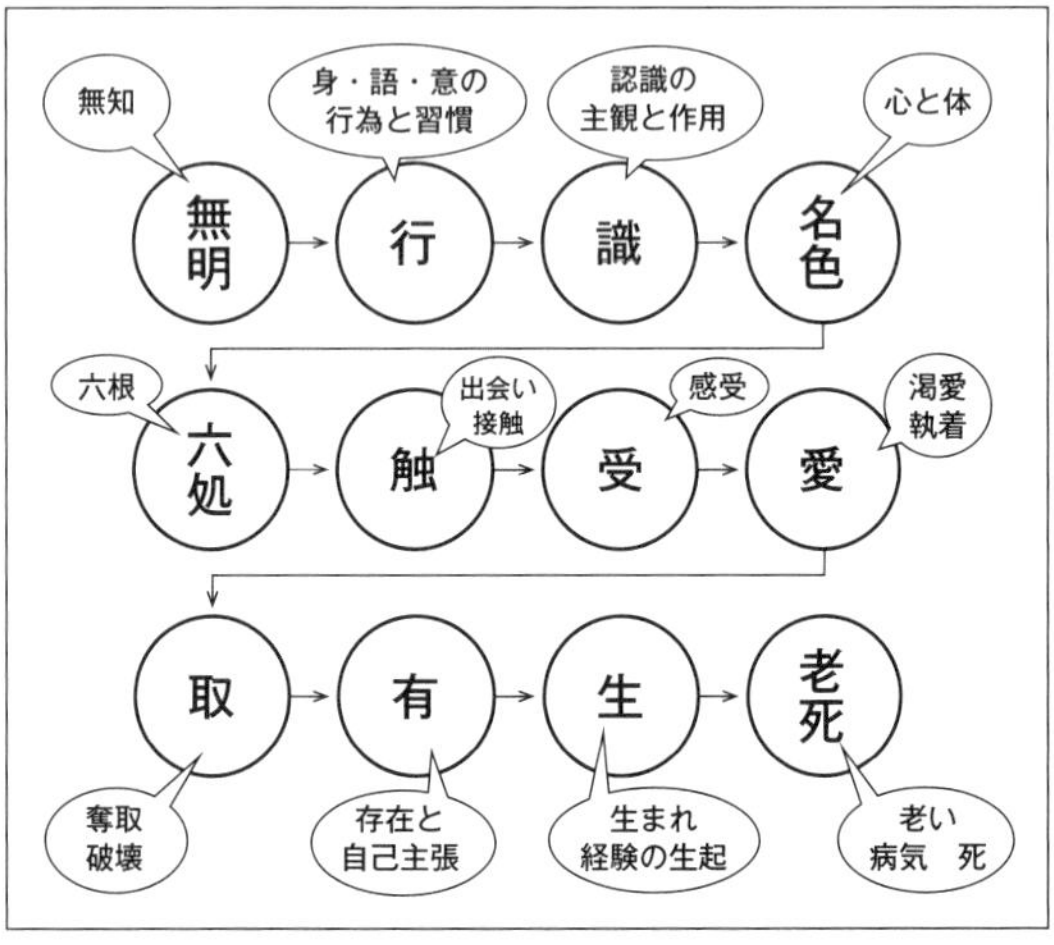

◆老いも死もないとは⁈

このように縁起の教えをたどりますと、やはりなぜそれが『般若心経』では否定されているのでしょうか。この疑問を最後に考えてみます。

ブッダの教えにも、次のように「不老不死」が示されています。

真理が正しく説かれたときに、真理にしたがう人々は、渡りがたい死の領域を超えて、彼岸に至るであろう。

いとも麗しい国王の車も朽《く》ちてしまう。身体もまた老いに近づく。しかし善い立派な人々の徳は老いることがない。善い立派な人々は互いにことわりを説き聞かせる。

こだわりあることなく、さとりおわって、疑惑なく、不死の底に達した人、――かれをわれは〈バラモン〉と呼ぶ。（『ダンマパダ』第八六、一五一、四一一偈（中村元訳））

ここからわかるように、仏教における老いと死は、日常の生理現象として知っている老いと死について、さらにそれをどのように深く受け止め、理解するのかによって、老いが老いでなくなり、死が死でなくなると理解が深まってゆきます。

そこで最後に〈ことばの鍵〉をとりあげてみましょう。

ことばの鍵

思想は思想にとどまる。それ以上のものを思想に期待するのは間違っている。しかし他方、批判は常に批判として徹底されなければならない。

（中略）

そもそも思想は、思想として独立に継承することなどできないものだ。というよりも、思想がそれ自体として継承されたりすれば（そういうことは実際にはしばしば起こることなのだが、）その思想はまさに観念論としてしか作用しなくなる、ということなのだ。（田川建三『立ちつくす思想』勁草書房）

私たちの日常は、何度も申し上げていますが、言語習慣に基づいた無反省な生活に身を置いています。つまり老いることは単純に年齢を重ねることだといった具合に、観念的に「老」を〈概念化〉しているわけです。この言語で構築された〈概念化〉の体系が「思想」というものです。

「死」も同様です。〝死ぬ〟とは、肉体の生命活動が終焉をむかえることであると思想は〈概念化〉

させます。それで終わりです。もしも「死」が他人事であれば、「ああ、それが死というものだ」と思い、一般化して完結してしまうでしょう。こうした意味について、深く掘り起こしてこだわることはあまりありません。観念論とは、自分事として受け止めたはずの逡巡《しゅんじゅん》する心をいつのまにか思考の彼方に追放し、意味という檻に封印して納得させてしまう恐ろしさがあるのです。

そういえば以前、私は知人の芸術家から一風変わった陶芸の作品をいただいたことがありました。そこで私は手にするや否や、彼に尋ねたのです。

「これは花瓶ですか？　それともオブジェかインテリア？」

すると彼は眼光鋭く、そして声高《こわだか》に答えたのです。

「千葉さんは何が大切なのですか?!　私にとってそんな結論や意味はどうだっていいんだよ。花瓶と思えば花瓶にすればいいし、オブジェと思えばオブジェでいいのさ。私はね、何かの意味や目的を作品にしているんじゃないからね。作品で誰かを感動させたいだけなんだなあ……」

このとき私は、穴があったら入りたいほどの恥ずかしさを覚えました。と同時に、何かに対する意味づけや理由づけという行為は、人間の思考の死を意味するのではないかと気づいたのです。

ましてや、自分にとっての老いや死の問題は、誰かに意味づけされ、定義されて辞書に載るような文章では説明のつかないものです。今回の『般若心経』の一句は、他人によって与えられた意味の檻など打ち破ってしまえ！　と語りかけているように私には聞こえてくるのです。

第十七話　四つの真理と八つの道

◆【無苦集滅道《むくしゅうめつどう》】

（梵）　na duḥkha-samudaya-nirodha-mārgā,

（発音）ナ　ドゥフッカハ　サムダヤ　ニローダハ　マールガー

（意訳）〔シャーリプトラよ。すべての存在は、空性という特質を有しているのだから、十二縁起と同じように〕四聖諦《ししょうたい》も〔その実体はどこにも〕無いのである。

『般若心経』は、いつも私たちを驚嘆させます。実にここでは、釈尊の成道後における最初の説法の中核をなす「四聖諦」という四つの真理に向かって、本質的にはこれらも存在してはいないのだと断じています。「初転法輪《しょてんぼうりん》」に対する私たちの思い込みに向かって、根本的な考え方の解体を迫っているのです。いったいどういうことなのでしょうか。

この真意を紐解くポイントは、ここに登場する仏教語の順番です。そもそも開祖ゴータマ・ブッダが悟りを開かれたときの内容である十二縁起を「無」によって断じた直後に、なぜこの四聖諦があるのかということです。

昔から前者は内観の真理、後者は教説の真理なのだからセットに考えて当然であろう、と流している限り、残念ながら『般若心経』の真意を理解することは不可能です。まさに正覚そのものの内容である十二縁起をどのように他者へ伝えるべきか、おそらくブッダは相当な腐心をなさったはずです。これは自分自身のための考察（自内証の法門）から、他者への語りかけ（化他《けた》の法門）へ転換せしめるという重大な問題です。そうした思案の末に編み出された実践的方法論こそが四聖諦だったのです。すなわちこれら四つの真理（諦、satya：サティヤ）を示すことは、「明」を得た仏と、「無明」に覆われた凡夫の架け橋に他なりません。したがって私はこの四諦説という理論体系を「臨床仏教学」と名付けています。

◆臨床仏教学から見た苦悩する真理――苦諦

そこであらためて「四つの聖なる真理」と題する四諦説を見てみましょう。

苦諦《くたい》・・・・自覚なき苦悩の現実世界　㊜
集諦《じったい》・・・・現実世界の原因理由　㊖
滅諦《めったい》・・・・自覚ある理想世界　㊜
道諦《どうたい》・・・・理想世界の原因理由　㊖

（水野弘元『仏教要語の基礎知識』春秋社、一七八頁より）

この箇条書きだけでは、なかなか理解が難しいかも知れませんので、補足して説明しましょう。

まず苦という真理（諦、satya：サティヤ）とは、現実の人生には苦がたしかに存在しているという真理です。真理とは「本当のこと」、「間違いでないこと」、「いついかなるときでも変わることのない道理」のことですから、この世界に苦悩が存在する（ここに苦悩する世界がある）、そのことに疑いはないと認めることを指します。実に冒頭のこの発想が、仏教の凄味でもあります。ブッダは眼前の相手に向かって、最初に正しい教えを自分の側から伝えようとはしなかったのです。このアイデアによれば、まずは伝えたいという自分の都合をいったん保留し、それよりも現に今、悩める相手の心境を優先して受け容れるのです。こうして自身の考えではなく、相手の気持ち（ありのままの告白）を認めることからすべてを始めますから、これには否定する余地はどこにもありません。これはカウンセリングにいう「傾聴（クライエントの話を聴くコミュニケーションの技法）」と「ラポール（セラピストとクライエントで構築する信頼関係）」に相当します。

おそらく多くの仏教書では、こう説明して終わっていることでしょう。「苦諦とは人生の苦しみである四苦八苦という現実のことである」と。これはもちろん間違いのない記述です。しかしこうした間違いのない記述にこそ、私たちが陥りやすい陥穽《かんせい》があります。四苦八苦とは、いわゆる「生《しょう》・老・病・死・愛別離苦《あいべつりく》・怨憎会苦《おんぞうえく》・求不得苦《ぐふとくく》・五蘊盛苦《ごうんじょうく》」になりますが、これらはけっして説明され、与えられ、掲げられて知るものではありません。どこまでも自己の実感として体得されるべきものが四苦八苦であり、その自覚によって初めて真理へ転換されるのです。

例えば老年といわれる方でも、若々しく毎日を躍動して過ごす方もおられますし、たとえ死を迎えても、その志が後世に受け継がれてゆく存在の姿もあります。つまり四苦八苦の一つひとつは、客観的に付与される概念ではなく、主観的に受けとめる事実ということを経験上、私たちはすでに知っているのです。この主観的に今実感している日々の事実は、誰にも否定されようがない現実そのものですから、自己の苦を知ること自体によって、当人にはおのずとゆるぎない真理を見出す結果へ導かれてゆきます。

したがって四諦を理解するか否かの分水嶺は、まず苦諦の段階において、自覚なきがゆえに苦悩する現実をいかに自覚出来るのか、という〝矛盾の克服〟にあります。このコペルニクス的発想の転回が、縁起的思考へ入るための最大のハードルとなります。道元禅師の『普勧坐禅儀《ふかんざぜんぎ》』にある言葉を借りれば、「不思量底《ふしりょうてい》を思量せよ（考えの及ばないところを考えよ）」ということです。そのように考えますと、無自覚を自覚するために示された否応なき現実が、四苦八苦という存在であったのだと首肯できるでしょう。

◆因の集まりが縁起する真理――集諦

この世界のすべては縁起するものと見ることが、仏教の大原則です。その「これあればかれあり。これ無ければかれ無し（『自説経』）」の真相を知れば、この現実界のいかなる苦悩にも、必ずその原因があることになります。その原因が集まったもの（samudaya、集起《じっき》）が、文字通りの集諦です。

苦悩の原因が分かれば、おのずとその対処法も見つかるはずです。インド以来、仏教ではその対処法を「プラティ・パクシャ」といいます。経典では「対治」、やがて「退治」と漢訳され、多用されるようになりました。

日常語としての「退治」の意味は、鬼退治というように「敵対者を打ち滅ぼすこと」と理解されていますが、本来の仏教語である「退治（対治）」は、若干意味が異なります。「プラティ」とは反対側の、「パクシャ」は翼の意ですから、仏教の考える苦悩への対処法は、両翼のバランスをとることが原則になります。敵対者（害を及ぼそうとする出来事）を亡ぼそうとするのではなく、調伏《ちょうぶく》できる対の翼を新たに身につけて、制御できるように対応することです。少々難《かた》い表現をとれば、「否定的対立者の否定」という概念を構築することです。

「対治」については、『サンユッタ・ニカーヤ』の中でわかりやすす説明されています。すなわち四聖諦の構造そのものが、医者が病気を治療するようなものであると『相応部』にある通りです。滅諦と道諦も先取りして紹介しておきましょう。

四法成就あり。名づけて大医王という者は、まさに王の具し、王の分たるべきところあり。

何をか四と為す。

一つには善く病を知る。

二つには善く病の源を知る。

三つには善く病の対治を知る。

四つには善く病を治し止み、当来に更に動発せざるを知る。

（中略）

如来はまさに等正覚《とうしょうがく》ゆえに大医王と為すべし。

四徳を成就し、衆生の病を治療することとまたまた是の如し。

如何が四と為す。いわく如来は知る。

これはこれ苦聖諦《くしょうたい》の如実知なり（苦諦）

これはこれ苦集聖諦《くじつしょうたい》の如実知なり（集諦）

これはこれ苦滅聖諦《くめつしょうたい》の如実知なり（滅諦）

これはこれ苦滅道聖諦《くめつどうしょうたい》の如実知なり（道諦）と。

『相応部』一二・四九

このように現実を平面的なひとつの場面として見るのではなく、過去の原因と現在の結果という二つの局面から構造的に考えるのです。そうすれば、今直面している苦しみについて、時間的な道筋を徐々に遡上することによって、その対処法が可能なのか否かを含めて見えてくるはずです。

◆導かれる希望の真理――滅諦

このようにブッダの教える心の処方は、カウンセリングにいう「傾聴」と「ラポール」に似た方法によって、あくまでも当人の現状把握（現実の認識）から始まるものでした。そして次の段階では、そこに解き明かされた苦しみの本質が、実は縁起された集積にすぎない〝空なるもの（実体が空虚な存在）〟であることを知ったとき、新たに縁起する集積を未来に築いていこうと誘うことになります。その理想の未来世界が滅諦です。

「滅」と訳される原語は種々ありますが、滅諦の場合はニローダ（nirodha）です。一般的に定義すれば、仏教の理想としての涅槃の境地が滅に他なりません。「涅槃とは貪欲と瞋恚《しんい》と愚痴の滅尽である」との原始仏典の定義もありますが、ひろくインドの宗教文献一般におけるニローダは、「抑止する」という意味であり、とりわけ原始仏典でも最初期の古語においてはその意味で用いられています（中村元『佛教語大辞典』春秋社、p.1375a）。その辺、チベット仏典では「ゴクパ（'gog pa、制すること）」と正確に訳されているのはさすがです。しかし「漢訳では古くから「滅」という語で訳すのが常であった（同上）」こともあり、結果的には、単純にすべての煩悩の完全消滅した世界こそが「滅諦」と見なされるようになってしまいました。このような「水清ければ魚棲まず」的な見解は、先の「プラティ・パクシャ」の対処法から見ても、違和感のある理解です。

実は四法印では「涅槃寂静《ねはんじゃくじょう》」と解釈されているのですが、その「静まり帰っている状態」、「停止して終息していること」という趣旨の「寂静」との仏教語に、そのニュアンスの一端が覗かれます。したがって「滅諦」とは、むしろ「寂静諦」と理解されるべき真理といえます。もしそうでなければ、「滅諦」は悩める人間の救いの教えではなく、単純に理想を夢見た机上の空論となってしまうからです。

◆心と体の「易行」——道諦

ここまで「四聖諦」の本義についてのお話でしたが、次にふれる道諦も含めて『般若心経』では「無」を冠して、それを否定していることを忘れてはなりません。もっとも当然のことですが、金科玉条のごとき定型化された言葉の羅列では、人間の苦悩を知ることなど出来ないからです。

ひとまず道諦の内容を説明すれば、それは五比丘への初転法輪にも示された通り、「八正道《はっしょうどう》」ということになります。すなわち以下の八つの聖なる道（mārga、マールガ、実践）です。

正見（samyag-dṛṣṭi）　正しい見解。正しく実相を知ること。人生観。信仰。

正思惟（samyak-saṃkalpa）　正しい心理的行為。正しく思考し志向すること。意志。決意。

正語（samyag-vāc）　正しい言語的行為。妄語・悪口《あっく》・両舌・綺語を離れた愛語の実践。

正業《しょうごう》（samyak-karmā-nta）　正しい身体的行為。殺生・偸盗《ちゅうとう》・邪淫を離れた道徳の実践。

正命（samyag-ājīva）　正しい生活。規則正しい健全な生活法。

正精進（samyag-vyāyāma）　正しい努力。地道に前進する勇気。

正念（samyak-smṛti）　正しい心持ち。思い続けること。うっかりせず注意深いこと。

正定（samyak-samādhi）　正しい瞑想。禅定。心に曇りなき精神統一された境地。


言うは易く行うは難しともいう通り、苦悩に対する退治（対治）の初動は、難しいものです。ましてや私たちが抱いている言葉の意味や概念を「無」によって解体させることは、かなり困難なことでもあります。なぜなら概念（言語習慣として処理された言葉）は、遠い過去から現在に至るまで、先人の築き上げてきた足跡であり、自己の経験に裏付けられた道しるべだからです。

智慧に至る旅は、あたかも砂漠を彷徨するようなもの。したがって、やはりどうしても手がかりとなる道すじが必要となります。そこでこの『般若心経』は、唯一の〝よすが〟であるはずの構築された教義を敢えて離れなさい、過去の足跡には逆に頼るな、と警告しているわけです。なぜでしょう？それはいかなる尊い教えでも、基本的に与えられたものである限り、その人には身につかないものだからです。むき出しの意味として〝日常に実感できる言葉（実存的な存在）〟でなければ、ブッダの本義に近づくことも出来ません。ある意味で「求めよ、さらば与えられん」（『マタイ』第七章）ということになるかも知れません。

そのような目線で改めて八正道を概観すると、これらは決して超人でなければ取り組めない事がらではなく、むしろ誰もが身近に実践できるような内容でもあることに気づかされます。そして『般若心経』を読む人にとっては、自分の歩幅に合わせた「易行《いぎょう》」として八正道を受け止めることの〝赦《ゆる》し〟があり、万人にもたらされる救いがあります。普遍的な教えとは、複雑で緻密に交錯する高度な言葉ではないのだよと、まるで語りかけているようです。

それでは、そのような普遍的な教え（法《ダルマ》）に、私たちはどのように向き合えばよいのでしょうか。そのヒントが次に掲げる〈ことばの鍵〉です。

◆不変なものを学ぶために

ことばの鍵

霧の中を行けば覚えざるに衣しめる。
よき人に近づけば、覚えざるによき人となるなり。

（『正法眼蔵随聞記』巻五　第五節より）

ところで、禅寺の玄関には「木板《もっぱん》」という法具が吊るされているものです。来客や時を告げるとき、「パーン！　パーン！」と木槌で力強く打ち鳴らしますが、そこにはある言葉が書かれています。

「無常迅速《むじょうじんそく》　生死事大《しょうじじだい》」

世の移り変わりは迅速なので、生と死の問題を他人事とせずに追求せよという意味です。つまり時の流れが速いのではなく、人の心が儚《はかな》いのだとの戒めです。己を内面から見つめ、果たして自分は正しく人生を歩んでいるのか……。こうした心の問題を現代人に投げかけているのです。

これからは人工知能がさらに進化を遂げ、そこに少子高齢化と地球温暖化の問題が一層拍車をかけ、情報のグローバル化もさらに加速する激動の時代が続くことでしょう。それゆえ私たちは、世の変化に振り回されず、何らかの〈不変なもの〉について学ぶことが重要になってきます。その一つが仏教なのだと考えたいのです。

かつてスティーブ・ジョブズも求めたように、なぜ今、世界で仏教が注目を集めているのでしょうか？　その根拠を端的に申せば、仏教のもつ「普遍性」と「寛容性」という不変的な特性にあるといえます。

そもそも仏教は特定の神を立てない宗教です。しかし、それは決して神を否定するものではありません。神への祈りの前に、己が内面を直視し、人として道理（ダルマ）に生きることを優先せよと説く趣旨があります。

とりわけ原始仏典では、「善を生きよ（サンユッタ・ニカーヤ）」、「正しきを行え（スッタニパータ）」

という実践的な倫理を道理として強調しています。これは、明らかに一宗教という枠組みを超えた普遍性をシンプルに表しています。また「いさかいを離れよ（ジャータカ）」、「怨みを捨てよ（ダンマパダ）」という現実的な道徳を説く一面もあり、これは他に類を見ない宗教的寛容性を指す仏教の特性なのです。

しかし、実際には善悪の倫理も正邪の道徳も、実践するどころか判断さえ難しいものです。そこで先に「無苦集滅道《むくじゅうめつどう》」への向き合い方のヒントとして、道元禅師の句を掲げたのでした。

「霧の中を行けば覚えざるに衣しめる」

修行僧がひとり、霧の中を歩いています。ふと気づけば、しっとりと衣が濡れているではないか……という話です。つまり正しく生きることは霧中を歩むように難しいもの。ならば理屈はともかく、ささやかでも行動（つまり易行）から始めようというのです。ゆえに言葉がこう続きます。

「よき人に近づけば、覚えざるによき人となるなり」

つまり良き人のそばにいると、自ずと立派な人になってゆくものだよ、というのです。正しい教えとは、ジワリジワリと毛穴から沁み込んでいくようなものだから、まずは正しい環境に身を寄せなさいとの助言です。

現代はあらゆる問題が山積する霧の中です。しかし私たちには、さまざまな時代を乗り越えてきた法《ダルマ》という〝変わらざるもの〟があります。変わらざるものが変わりゆく世の中をリードしていく……、そんな力が経典の言葉にはあるのです。

◆王法と仏法

ことばの鍵

すべての世界の人々に仏さまの恵みが届きますように……
そう努力することが私の使命なのだ。（マウリヤ朝アショーカ王「石柱」の言葉）

変わらざるものである法（ダルマ）のシンボルと言えば、私たちはすぐさまインドの国旗を想起することが出来ます。その国旗のオレンジ色はサフランの彩りのヒンドゥー教、緑の色はイスラームを表し、それに挟まれた白色は諸宗教の対話と融合を意味するといわれますが、その真ん中には、普遍的な理念としてアショーカ王の法輪が描かれています。アショーカ王は、パーリ語でアソーカ王、音写で阿育王、漢訳で無憂王と表記します。インド最初の統一国家マウリヤ王朝の第三代で、紀元前二六八年に即位し、前二三二年頃まで在位した仏教史を代表する大王です。日本でいえば、ちょうど豊臣秀吉のような存在でしょうか。アショーカ王の即位年代についていえば、世界史的にとても重要な起点となっている年でもあります。紀元前二六八年に即位したというインドの伝承と、ギリシャ王統史での記録が完全に一致しているため、さまざまな年代を確定する根拠になっているわけです。とりわけ釈尊の生存年代を想定する際には、王の即位が仏滅何年後のことなのか、その記述の相違によって諸説が算出されているほどです。

石柱の「詔勅《しょうちょく》」や岩盤に刻まれた文字によれば、「真の征服とは武力によらず、法《ダルマ》によるものだ」と気づいたのは、アショーカ王が東の隣国カリンガを攻めたときでした。一日に十万人以上に及ぶ戦死者や犠牲者を出した様子を直に見て、激しく後悔した王は、「法による政治」へと大転換し、それからは深く仏教に帰依しました。こうした政治方針が無数の石柱に刻まれ、国内外にひろく知らされたわけですが、結果としてこれが後世の仏塔信仰へと展開します。この仏塔を崇拝する在家信者の〝ある一部の集団〟から、やがて大乗仏教運動が興起したのではないか、と今では推測されているほどですから、このアショーカ王による石柱政策がどれほど重要な出来事であるかがお分かりいただけると思います。

アショーカ王は、当時まで八分骨されていた仏舎利（シャリーラ）のうち、七か所の遺骨を集めて再配分し、それを八万四千か所にも及ぶ石柱を建立、それぞれに埋葬したというのです。実際に仏塔の数が伝承の通りであったかは疑問も残りますが、しかし今でもインドを旅行すると、行く先々に倒れた巨大な石柱を散見しますから、驚くほどの数であったことは間違いありません。

ところで、現代の世界情勢だからこそ、あえて申し上げたいことがあります。それは釈尊の時代から国を治める政治においては「王法と仏法」といって、釈尊の正しい教えと、世の中が正しく平和であるための教え、この二つの正しい道理が一つになって〝完全な社会〟になると古い仏典で随所に記しているという事実です。

世の中を治めるべき王は、国の経済的な豊かさだけでなく、道理としての人間の善悪を見極める心を身につけていなければ、世の中は真の平和にはならないという意味です。私たちにとっては、あのイギリスにおける産業革命以降、残念ながら近現代の世界の政治は、経済を如何に回すかということに翻弄されている感があります。もちろん経済的基盤がなければ、教育も福祉も維持出来ないのは事実ですが、しかし生活の豊かさとは、本来、物質的な浩大さでも身体的な快適さでもないはずです。王たるもの、精神的な健全性を担保しなければ、人の世はいつでも獣の世界に堕してしまうことを心得なければなりません。それゆえ世界の国によっては、王室や皇室をおくのでもありましょう。

例えば日本では、八月十五日が終戦の日になっています。戦争で亡くなった方をしのんで平和を祈るこの行事は、いつの世になっても王法（政治がとるべき道理）が仏法（人間として守るべき理法）を拠りどころとする以外にないという意味を私たちに知らしめる点で極めて重要なのです。如何なる政治問題であれ、人として正しい誓いがあってこそ、それを起点としてあらゆる手立てが考えられ、始められるべきだからです。

さて、そういった意味でアショーカ王も、二度と戦争は起こすまいと誓いを立てて以来、とりわけ不殺生と平和を強調する仏教が重要と気づき、法（ダルマ）によって国を治めたのでした。

そこでこのたびは、道元禅師も『典座教訓』に記している「菴羅《あんら》の半果《はんか》」という故事を以下に紹介しましょう。

お釈迦さまが亡くなられて、およそ百年が過ぎていました。そのころのインドは、マガダという国に興ったマウリヤという王家がひろく国を治めていました。その王朝三代に就任したアショーカ王は、国の平和を守るために仏教を保護し、八万四千もの仏塔を建ててお釈迦さまを供養すると、さらに仏教を世界中にひろめたために、国は大いに栄えたのでした。

そんなアショーカ王でしたが、栄光の生涯を閉じようとした晩年、自分の孫のサンパティを次の王に決めたのです。するとサンパティ王子は思いました。

「おじいさまは、いつもたくさんのお金や土地をお寺に布施してしまう……。なんともったいないことか！　もうこれ以上、おじいさまには勝手に財産を遣わせないようにしよう！」

こうしてサンパティ王子は、なんとアショーカ王を部屋に閉じ込めてしまいます。インドのすべての国々を平定して、大王とまで呼ばれたアショーカ王も、次第にすべての自由が奪われ、ついに自分の財産は、食事に出された銀の皿だけになります。するとその皿さえも布施して国の平和を祈っていました。

そんなある日のこと、その日の食事は半分に切られたマンゴー（アームラ、菴羅《あんら》）の実だけになっていました。「ああ、私に布施できるものは、もうこれしかない。これがわが生涯最期の布施である……」

アショーカ王はこう告げると、半分のマンゴーの実を鶏雀寺《けいじゃくじ》のヤサ長老のもとに送りました。これを知ったヤサ長老は、お寺の台所をつとめる典座に告げて、このマンゴーの実を丁寧にすりつぶしてスープにすると、お寺のすべての僧侶に平等に分けて食事としたということです。

（『阿育王経』巻五より）

こうしてアショーカ王は、死後に神々の世界に生まれ変わったと経典は伝えています。これが「菴羅の半果」という逸話です。王のように、この人生の最期まで、何かささやかなことでも誰かの役に立てる喜びと、それに感謝する心を持ちたいものとつくづく思います。

ちなみに禅寺では、毎朝お粥をいただきますが、これもマンゴースープと同じ意味を持っています。つまり、たとえ少ないお米の量であっても、山内すべての者がいつでも平等に味わっていただけることから、お粥は食と仏法の「平等一如」を意味する大切な料理法と言えます。寺院ですから、財源は常に安定しているわけではなく、基本的に信者からの布施によって入手できる食事のみを口にしなければなりません。残念ながら山内には、食材が多い時もあれば、まったくない時もあります。しかしそれでも、修行僧の日々の食事はやってきます。そこで誰にとっても量も濃さも味わいも、みな等しく食するための知恵としてお粥があるのです。健康法として良いからという見方は、現代人らしい科学的な評価とも言えるでしょう。

第十八話　脱構築と諸行無常

◆【無《む》智《ち》亦《やく》無《む》得《とく》以《い》無《む》所《しょ》得《とく》故《こ》】

（梵）　na jñānaṃ na prāptiḥ.

（発音）ナ　ジュニャーナム　ナ　プラープティヒ

（意訳）〔シャーリプトラよ。かの聖なる初転法輪《しょてんぼうりん》における四聖諦も八正道でさえも、その実体はどこにも無いのであるから、実に〕何かを理解したという智もなく、〔それゆえ当然ながら悟りを〕達成したこともない〔と知りなさい〕。

釈尊の「初転法輪」は、私たちにとってはすでに真理の教えとして、当然のことのように受け止められています。しかし、それらを本当に自分の身の上のこととして実感しているでしょうか？『般若心経』は、そうした仏教の基本的教義のすべてに対して、〝思い込みの増上慢〟に陥ってはいないかどうか、これまではそうした諸問題を私たちに投げかけてきました。

したがって、いよいよここで各論の空の意味を総括して、視点を大きく転回させる場面になっています。「すべての道はローマに通ず」ではありませんが、要するに根本教義として伝えられたそれぞれの考え方は、すべて悟りを獲得するためという一点に志向されていたわけですが、ここではそもそも論としてその悟りそのものが本質的に空なのですから、実は誰にとっても「（目的として）知ること」や「得るもの」など最初からどこにも存在していなかったのだよ、と種明かし的に断言しているわけです。その意味で、この一文はこの『般若心経』の前半部分をまとめ上げた箇所であり、私たちにコペルニクス的転回の発想を促している重要なターニングポイントといえます。

それでは私たちのこの『般若心経』は、いったん空の論証を遂げてきた流れから、いったいどこへ向かうのでしょうか？　それを知るヒントは、実は「脱構築」という哲学にあると私は見ています。

◆脱構築と諸行無常

ジャック＝デリダの言葉を借りれば、脱構築とは「プラトン以来の哲学における伝統的ドグマ（宗教的な教義）」に対して、今を生きる「我々自身の哲学の営みそのものが、つねに古い構造を破壊し、新たな構造と意味の本来性を生成している」とする営みです。要するに、常に私たち人間は、自身が今の経験に支えられた今その瞬間に照らし合わせて、〝新たな思い〟を抱く必要があるということです。そのためには絶えず（勘違いを含めた）古い概念と〝過去の自分〟を脱ぎ捨てなければなりません。

いわば思想の断捨離です。これは時間の流れの中で、私が私自身の思想を維持する必須条件としての脱構築であり、これこそ諸行無常の側面なのです。

もう少しわかりやすく具体例をお話ししましょう。

正直に申し上げると、私は校正という作業が苦手です。なぜならば、完ぺきな原稿を仕上げるために、推敲《すいこう》を重ねれば重ねるほど、そのたびに新たな文章が思いついてしまいます。昨日赤字で修正したばかりなのに、今思い直すと、もっと別な言い方になるな……といった具合に、原稿の文体は変化し続け、赤字の修正が延々と続いてしまうことがあります。まるでシーシュポスの岩ですね。しかし同じような体験を実際には多くの方が経験されているのではないでしょうか。

これには明確な理由があります。それが思考という時間概念の存在です。「私は今、こう考える」と思ったその瞬間、実はそこに時間が流れていますから、私の頭の中で行った一つの判断には、時間の流れという別な要素が否応なく持ち込まれ続けているのです。つまり、自身の一つの認識に対して、刹那刹那で異なる認識が時々刻々と頭の中で出現する宿命を私たちは持っているのです。デリダはそれを概念の「差延（différance）」と呼びました。

◆私は私であるが、すでに私ではない?!

そのような意味で、「私は私であるが、実はすでに私ではない」ということになります。デカルトのいうように「我思う。ゆえに我あり」なのだから、「私は私にほかならない」「私は私以外ではあり得ない」と、通常は無反省に思っていることでしょう。しかしながら、厳密に考えますと、そこには時間的なズレ、「差延」の要素が加わっていることを見過ごしてはならないのです。

たとえば「我思う」と言った時、最初の我（「ワレ1」とする）と、次の「我あり」の我（「ワレ2」とする）は同じものでしょうか？

【肥大化するワレのイメージ】

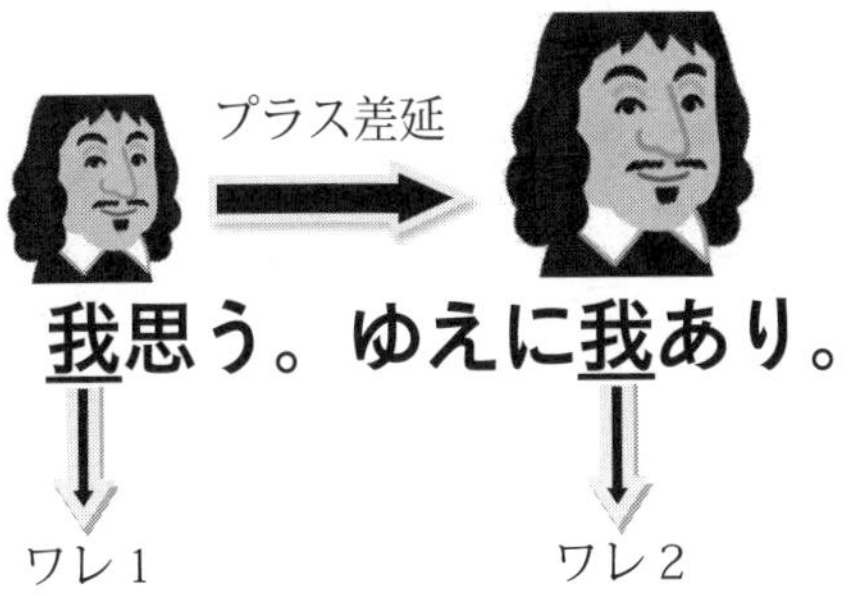

これは現実には同じではないということです。時間のズレといいますか、スパンが短ければ気づかないことかもしれませんが、もしこれが10年前の私と10年後の今だとしたら、そこに「同じ私」でいられるでしょうか。永遠の子どもでありたいと駄々をこねるピーターパンシンドロームならば、時間も経験も一切無視して同じ私であり得るかも知れません。しかし人間は「生死病死」の流転に生きる定めにあります。したがって、そもそもある一つの固定概念にのみしがみついて、人生を生きるほど甘い世の中ではないのです。たとえそれが悟りという聖なる存在であるとしても、そもそも固定的に存在し得ることはないのです。

さらにいえば、「私は私である」と言っている時、実は自分自身を「対象化」しているという〝もう一つの要素〟も見逃せません。

つまり私自身を客観視しているわけですが、この時「客観視した私」と「それ（ワレ1とワレ2）を比較している私」には、僅かながら時間的なズレが生じています。客観視するためには、比喩とはいえ自分を一旦外から見て、かつ比較を行う必要があります。当然そこには客観視と比較が順を追って行われており、どうしても時間的なズレは発生することになります。これはまさに対象化された私というズレた視界を開くことになります。すなわちこれも「諸行無常」の真相なのです。

　私自身が常に少しずつ変化しているとすると、客観視した自分と主体的な自分との間に、たとえほんの微細だったとしても時間的なズレ（差延）があ

【時間の経過と差延による自己の対象化イメージ】

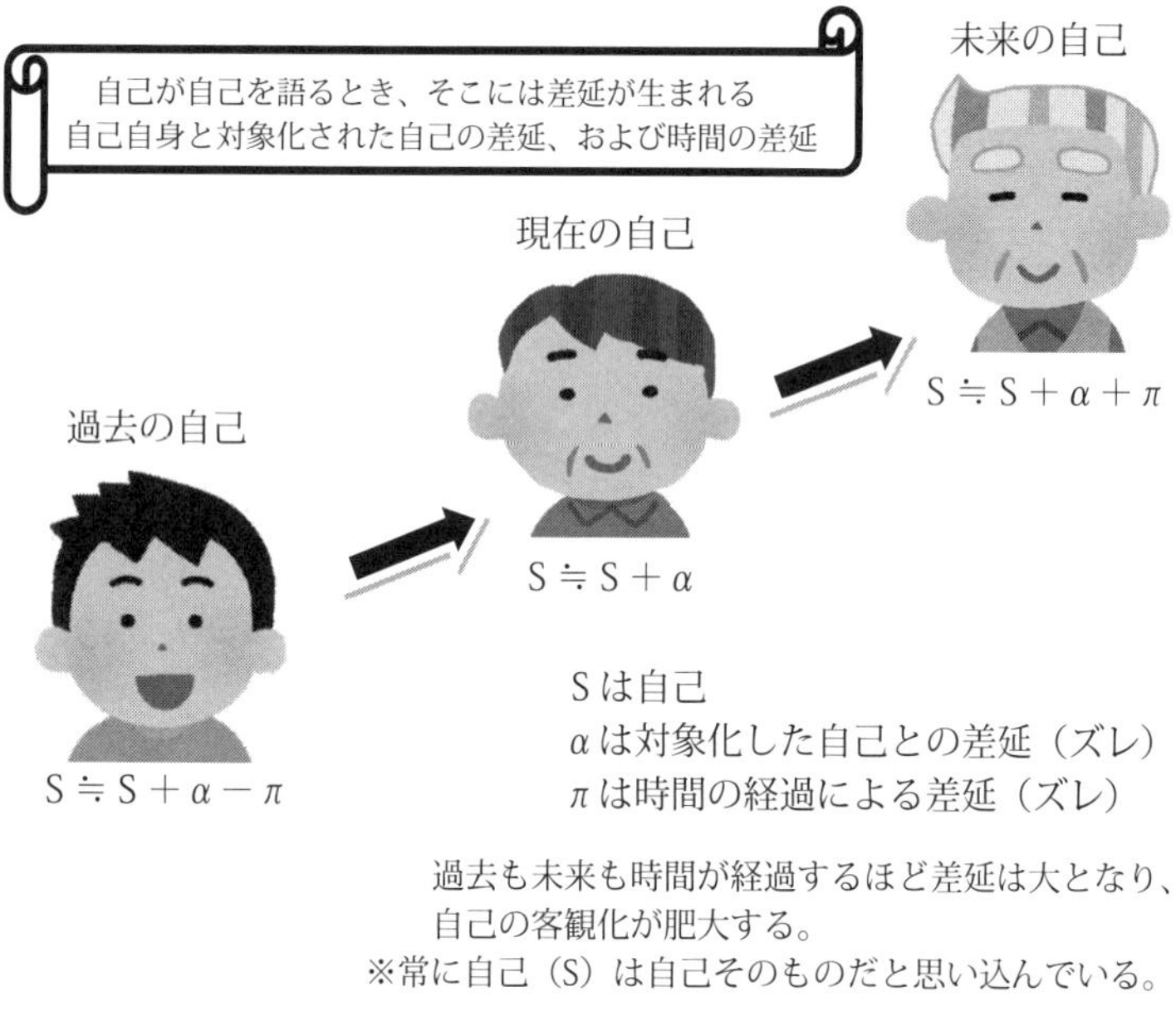

自己が自己を語るとき、そこには差延が生まれる
自己自身と対象化された自己の差延、および時間の差延
未来の自己
現在の自己
過去の自己

αは対象化した自己との差延（ズレ）
πは時間の経過による差延（ズレ）
過去も未来も時間が経過するほど差延は大となり、
自己の客観化が肥大する。
※常に自己（S）は自己そのものだと思い込んでいる。

るのならば、その微細なズレの前後において、自己はわずかに変化している、ということになります。

こうして「自分は自分だ」として、自分と他人を別のものだと分けようとしたはずが、自分の中にある差延、つまり自分の中の微細なズレが含まれてしまうことになるために、自己と他者の相対論的な対立は、見事に脱構築されてゆくというわけです。

ただし、私の中にズレがあるからといって、すぐさま瞬間ごとに別人になる、ということではありません。あくまでも自分という存在に、無自覚的な差延が内包されてゆくのであり、やがてその経過は対象化を進展させて、自己が客観化されてゆくということです。

◆自己の追求から自己の完成へ

こうして自己の客観化は、自己の観察へと誘われるのですが、実はこの絶え間ない試みが、いつの間にか自己の完成に導かれることになるのです。それについては、数学的にジャックラカンというフランスの哲学者も数式からわかりやすく説明していますので、今度はそれを簡単に紹介しましょう。

なぜ数式にして私自身を観察するのか、その理由は明快です。それは「私について私が考える」のですから、これ自体が同義語の反復になってしまうわけで、いわゆるトートロジーとなるためです。

そこでこの自己言及を完成させるために、私は私自身なのですから数字的には私を1とし、私が観察しようとする相手（対象）を仮にａとすることによって、代数式によって処理することで、ここは何とか自己に辿り着こうというわけです。

そこでデカルトのいう「我思う。ゆえに我あり」を数式に表してみましょう。まず日常生活では、その都度「私とは何だろう」とは意識せずに行動していますから、当然「私は私です」となり、見られる私と見る私を分数にして「1分の1」、つまり私が「1」になることからスタートします。

$$\frac{1}{1}$$

次に私を見ているのは誰かを厳密に深めて考えますと、私をどこか客観的に思っている〝もうひとりの私〟がいつの間にか加わってくることになります。

$$\frac{1}{1+1}$$

ここでの分子の「1」は「思われている私」であり「原初的な私」です。それを思考する分母の「1＋1」は「原初的な私」と「そう考える私」です。ただし「そう考える私」という営み自体は無限に続きますから、「我思う。ゆえに我あり」と思う「我」あり、と思う「我あり……と続いていきます。

$$\cfrac{1}{1+\cfrac{1}{1+\cfrac{1}{1+1}}}=a$$

この連分数は一定の自己言及式となり、次のように表せます。

こうしてaを正とする唯一の解を導くと、次のように黄金数となります。

$$\frac{1}{1+a}=a$$

$$a=\frac{\sqrt{5}-1}{2}$$

また先の連分数は、次々に前項の和が次の項の値になっていきますから、これはフィボナッチ数列といわれるもので、1，2，3，5，8……の各項の比をa_nと書けば、漸化式として、

$$an + 1 = \frac{1}{1 + an - 1}$$

になります。したがって

$$a = \frac{\sqrt{5} - 1}{2}$$

となり、このaが先の代数式である

$$\frac{1}{1+a}=a$$

を満足させます。

こうして「我思う。ゆえに我あり」と思う私（a）は、本来は「1」であるべき私自身について、0.618033……しか存在していないことが判明します。これはまた、「私」に相対してたたずむ相手が、自分の「1」に対して「0.618033……」として存在することにもなります。他人の「1」に対して、常に自分は私自身の「1」とともに、そう考えているもうひとりの「私」が比の分母に加わるのですから、当然と言えば当然なのですが、やはり人間は他人に対しては常に自己の優越性をもって眺める定めにあることは、これらの数式によって判明します。

しかし、よくよく考えてみれば、私の思っていることは、当然相手だって同じように思っていることとはあり得ることですし、否、むしろ自分の知らない私の情報を相手は思い、抱きながら私と接してくれているとも限りません。どうして眼前の相手が、自分の「1」よりも小さな数字で存在しているると無反省に言い切れるでしょうか。こうした自己の無意識的で誤ったバイアスが、「世間は何もわかっていない」とか、「民衆とは愚かなものだ」といった根拠のない認識となり、果ては人間の傲慢さに繋がることを私たちは注意するべきなのでしょう。

◆テセウスの船に乗って

それでも私たちは、「我思う。ゆえに我あり」との言葉通り、通常私たちは、自分が自分であることが、この世でもっとも確かなことだと信じて疑っていません。しかし仏の教えによれば、この世はすべて「諸行無常」です。「常」とは永久の意ですから、この世界で認識されるすべてのものに永久な存在は何もない、ということです、それはたとえ自分のことについてであっても例外ではないほどです。

こうした徹底的な「無自性」「空」の追求によって、『般若心経』は教えのすべてのよりどころを否定し尽してきましたが、振り返るとそこには、やはりそれでも観音菩薩にすがろうとする私がいるのであり、今まで通りの自己が廓然《かくぜん》として佇《たたず》んでいることにも気づくはずです。しかし大乗の空義を知ってしまった私は、もはや過去の私ではありません。それはもう「テセウスの船」の如くに前進するしかないのです。

「テセウスの船」というパラドックスは、ギリシャ神話に登場する英雄テセウスが乗っていた船のことです。この船は後世まで保存され続ける中で、朽ちてきた部品は徐々に新しい部品に取り替えられていきました。そしてついには、すべての部品が取り替えられたのですが……。するとこのときの現存するテセウスの船は、果たして元のものと同じと言えるでしょうか？

この例話に限らず、同じ名前で活躍するロックバンドでも、メンバー全員が入れ替わってしまった場合や、創業以来のつぎ足されている秘伝のタレのように、もともと構成していたものがすべて変化していったとしても、同じものであると認識されているという事自体は、我々の身近なところにも多く存在しています。（あるいは〝ぶっちゃけ寺〟のメンバーがすべて入れ替わってしまっても、番組は続いてゆくことがあるのと同じです。）

言語学者フェルディナン・ド・ソシュールも、テセウスの船に言及はしていませんが、「午後8時45分ジュネーブ発パリ行きの列車」を例に出して、列車や乗客や運行などが違っていても〝同じ列車である〟と『一般言語学講義』の中で述べています。こうして、実体が次第にズレて無くなったとしても、その存在価値は同じであるという考え方について、哲学では「構造主義」と呼ぶようになりますが、ただしかし、この考え方に満足したままでは、時の流れに無常を知り、縁起の真相を顧みようとする心は決して起こることはないでしょう。

◆世界が起こるとき

それでは構造主義では及ばない、その先にある存在の意味の見出し方とは何でしょうか。そのヒントが、先の脱構築という考え方です。『般若心経』の場合でいえば、根本教義の意味を構造的に解釈して、理解の差延をそのままに納得して終わるのではなく、教義の言葉を解体して、無意味化の果てに至るところまで追いつめてゆく……、その極地点で今度はダイナミックに価値観を反転させようとする試みがあるとすれば、それが仏教版脱構築です。そしてこの極地点こそ、他でもない「無智亦無得以無所得故」の一文なのです。

こうした文脈で読み進めますと、原始仏教以来、長く仏教徒が護持してきた釈尊の教えについて、大胆な「価値観の大変革《パラダイムシフト》」を起こすべく発出したメッセージが、「智は存在せず、また得るべき悟りも実は存在しないのだ」という主張であると理解されます。おそらくは、基本の教えを忠実に学ぶことよりも、概念を払拭し価値観そのものを変革させることの方が、思想的にははるかに困難な営みになるでしょう。

そこでこのたびは、躊躇する私たちの思い込みの価値観を一変させてくれる〝励ましの言葉〟を紹介します。

一夜、華開いて世界香し

道元禅師『永平広録《えいへいこうろく》』第一

風にそよぐ菩提樹の一枝……。それが一夜のうちに一輪の花が開いて世界が香しいと説く道元禅師の言葉です。一見美しい風景を詠んだような、何の変哲もない言葉にも解せますが、実はここには恐ろしいまでも深い意味が隠されています。

この難解な道元禅師の言葉を知るために、関連して次の一文も抑えておきましょう。

「忽開花《こつかいか》のとき、花開世界起《かかいせかいき》なり」（『正法眼蔵』梅花の巻）

「花が開いた瞬間に、この世界は起こる」という意味です。通常私たちは「世界の片隅に花が咲いている」と、ごく自然に思っています。しかしそれは、主観に凝り固まった一方的な〝自分の考え〟に過ぎず、真実の姿には程遠いものです。

そこで道元禅師はおっしゃるのです。「花が開くことによって、実は今まで花の咲いていなかった世界が消え去り、花の咲いた世界が忽然と新たに起こった（現成した）」のだと……。

あるひとつの秩序（つまり世界）は、たった一輪の華が咲くことによって、たちまち華の無かった世界が崩壊して消え失せてしまうことがあるということです。そのとき、そこはすでに本来の瑞々しい存在の本来性（一輪の華）が出現した新世界です。それまで微塵も存在し得なかった新しい時間の始まりともいうべきものです。おそらくは釈尊ご自身が、成道された朝にご覧になった東の空の明星には、本来の世界の新しい始まりを告げる煌めきがあったのであろうと思います。

こうして教えの意味の解体が続いた『般若心経』のこれまでの部分は、この一文から大きく反転し、私たちを新しい世界へといざなってくれることになります。

思えば伝教大師最澄《でんぎょうだいしさいちょう》も、「一隅《いちぐう》を照らす」と示されました。一輪の開花が世界の始まりであったように、世界のほんの片隅を照らす灯りであっても、それは世界全体を光で包み込むことでもあるのです。そんな己の価値観を反転させる知恵と勇気を『般若心経』はたったこの10文字で教えてくれているとは、実に驚くべきことなのです。

第十九話　恐れなき菩薩たち

◆【菩提薩埵《ぼだいさった》　依般若波羅蜜多故《えはんにゃはらみったこ》　心無罣礙《しんむけいげ》】

（梵）tasmād aprāptitvād bodhisattvānāṃ prajñāpāramitām āśritya viharaty a-cittā varaṇaḥ.

（発音）タスマード　アプラープチトゥヴァード　ボーディサットヴァナム　プラジュニャーパーラミターム　アーシュリトゥヤ　ヴィハラティ　ア　チッター　ヴァラナハ

（意訳）このように〔智も無く、また悟りへ達成したこともしなかったことも無いという〕境地なのだから、〔悟りを求めてやまない〕菩薩たちにとっては、智慧の完成に依拠しつつ安住しているのです。心を覆い妨げとするものは何もなく。

いよいよここから『般若心経』の目指すところが示されます。すなわち空の主張のもとにあらゆる固定的な概念を徹底的に破壊する程度には留まらず、むしろその先にある真実の実相を知る般若の智慧を体解することによって、苦しみに沈む私たちの魂を救い出すことになります。このテーマこそが『般若心経』の本願なのです。

もしそのようであるとしたら、私たちにとって菩提薩埵とは、どのような存在なのでしょうか。

そもそも「菩提薩埵」は、パーリ語のボーディサッタ（bodhisatta）、サンスクリット語ボーディサットヴァ（bodhisattva）の音写で、「菩薩」がその省略形とされてきました。一説には中央アジアの転訛《てんか》と指摘される語ですが、ここで重要なことは、時代によって「菩薩」の意味が変遷してゆくことです。

初期仏教では、語源の通り「菩提を求める人」ですから、直接的には前世を含む成道以前の釈尊のことを指します。しかし後の大乗仏教になると「慈悲の実践者」という意味合いへと移行します。ひとまずララ・ハル・ダヤルによる「菩薩」の解釈七説を紹介しましょう。

①悟り（菩提）を本性（本質）とする人
②悟りを求める有情（この有情は戦士、英雄というニュアンス）
③悟りへ向かう心を持つ人
④悟りの胎児を持つ人（悟りを内蔵している人）
⑤悟りの潜在心（深層心）のある人

⑥悟りに専念する人
⑦悟りに向かう精力（威力）のある人（勇者）

これらはいずれも菩提（bodhi）と薩埵（sattva）の複合詞をバフブリーヒ（「Aを有するB」という複合語）としてどのように読むのか、その相違を整理したものといえますので、ここではさらに三つにまとめてみます。

㋑悟りを求める有情（すなわち求道者）
㋺悟りを内在する有情（すなわち諸仏）
㋩悟りを与える有情（すなわち救済者）

こうして語義の変遷を俯瞰すると、大乗仏典に見える多くの菩薩観念は③と⑦の拡大路線と分析されますが、とりわけここでの『般若心経』に説く菩提薩埵は、さらにそれらの究極型として、㋩救済者であると理解されます。すなわち己れの悟りを放棄したままで、かつ他を悟らしめることを可能ならしめる有情です。

ちなみにチベット語では菩薩をチャンチュブ・センパ（byang chub sems dpa'）と訳していることも見逃せません。セン（sems）は心、パ（dpa'）は勇者ですから、その意味で③と⑦および㋩の趣旨を酌んでいることがよくわかります。

さて、それではおのれの悟りを放棄し、菩提を離れ去った菩薩が、いったいどのようにして人を救うことになるのでしょう。実はその答えが、以下に続く『般若心経』には示されています。すなわち「心無罣礙」などの菩薩の境地に関する四つの視点からの説明です。

そこでその境地を知るために、そもそも菩提を求めながらも菩提を離れるとはどういうことなのか、この矛盾した意味を予めおさえておきましょう。

◆捨てることと救われること

ことばの鍵

ただわが身をも心をも、はなちわすれて、仏のいへになげいれて、仏のかたよりおこなわれて、これにしたがひもてゆくときちからをもいれず、こころをもつひやさずして、生死をはなれ仏となる。たれの人か、こころにとどこほるべき。

（道元禅師『正法眼蔵』「生死《しょうじ》」より）

（意訳）

ただただ、この私のからだもこころも、ほうり出してしまって、仏さまの家に投げ入れて、仏さまの側からおこなわれるところにしたがってゆくとき、力を入れることもなく、こころをつかうこともなくして、生と死の苦しみや迷いをはなれて、仏さまとなるのです。

いったい誰が［菩提を求めようとする自分の］こころなどにとどこおってなどいられようか。


端的に申せば、真摯で敬虔な仏教の求道者が、なぜ菩提から離れ去ることができるのかというと、そこには人生の随所において常に「信」があるからです。

「いま、ここ、わたし」を如何に生きるか……。矛盾に直面する人生において、この実存的な思いは、ある意味で人類の普遍的なテーマです。そして仏教の仏教たる所以も、実はこの疑問に存在します。ただし、哲学の域にとどまらない仏教の真骨頂は、さらにその先にあるのですが……。

つまり、それが「信」です。おのれの日々の〝立ち位置〟について自身を深く知り、自身を信じることが人間の知を覚醒させ、明日を生きる力を湧出させる〝深源〟になっているのです。哲学的に申せば、「信」とは日常の表面的な自己から、非日常の深層的な本来の自己が離れた状態のことです。

そもそも人間にとって、何かの願いがすでに叶っていれば、敢えて信じるなどという営みは必要ありません。願いが叶わないからこそ、人は祈るものだからです。望んでいる何かがまだ手中にはないからこそ、人はかくあれと理想を描き、それを信じることが出来るのです。ゆえに理想とは切り離された苦しみの深源に本来の自己を沈めることによって、はじめて「いま、ここ、わたし」が切実に自覚されることになります。

では、私たちはどのようにして「信」の境地に辿り着けるのでしょうか。それは「信じる者は救われる」という堅い約束があることによって可能になるのです。この約束を仏が宣揚する限り、私たちは捨てる術《すべ》を知り、誰でも安心してこの迷える忍土を生きていけるのです。そのために、ここには道元禅師の〈ことばの鍵〉を挙げてみました。

むろん、この句には「救済」との文字はありません。しかし「ちからをもいれず、こころをもつひやさずして」救われるとの約束がはっきりと記されています。

しかしながら、世間にはこんなつぶやきもあるでしょう。「ただ信じさえすれば大丈夫だなんて、なんて安易な考え方なのだろう」と。たしかに「信じる者は救われる」という物言いには、ある意味で大きな論理の飛躍があります。しかし今、こんな混迷の時代だからこそ、仏教の扉を叩いたことのない人々のために、あえて申し上げましょう。

人は、その道を信じることをあきらめて、どうして歩き出すことが出来るというのでしょうか。事実や結果だけを信じるのであれば、それは「信」ではなく「期待」であり、「打算」に過ぎません。

繰り返しますが「信」とは常に大切なものを手放し、誰かに与えることと同義であることを知るべきです。なぜならそれを受け取った者の姿を見て、実は私自身が救われているという〝事実〟に後から気づくからです。

たとえば同じく『正法眼蔵』の「発菩提心《ほつぼだいしん》」ではこう説きます。

「一発菩提心を百千万発《ひやくせんまんほつ》するなり」

「発菩提心」とは、悟りに向かおうとする「信」のこころです。それを「百千万発せよ」というのです。ただしこれは、単に不断の努力をせよという意味ではまったくありません。そうではなく、たとえいくら自分が至らずとも、迷える心があったとしても、畢竟、人生には「信」を捨て去る道はない事実を示しているのです。もはやそこには、一つ二つと数えられるような発菩提心など微塵も存在しません。「百千万発」は「一発」の対極ではなく、超越にして否定の境涯なのです。まさに菩提を求めながらも菩提を離れ、菩提を人に与えんとする般若波羅蜜の智慧に至ったこころです。

信じることは生きることそのものであり、人生のすべてということです。ゆえに単にアタマで詮索して取捨選択できることが「信」ではありません。それはあたかも、アタマで考えてからその都度呼吸してはいないことに似ています。この命は、決して打算で存在するわけではないのですから。

よって仏教は、決して人生に結果を求めることはありません。たとえ結果が伴わくとも、信じるだけで生きてゆける……。そこに辿り着いたとき、はじめて周囲とともにおのずと救われている自分自身に気づくことになるのです。

◆救われた人の生き方

ことばの鍵

道を得ることは、心をもって得るか、身をもって得るか。

（『正法眼蔵随聞記』第三　第二六節より）

これはそもそも論なのですが、人間は最初から完成された心があって、その心からその人の行動や人生が出来上がってくるわけではありません。もちろん人間は正しい心を持つべく、それを完成させようと努力するには相違ありませんが、しかしその心を持つためには、形ある行動から心を作り上げてゆくほかはないものと思われます。

そこで道元禅師の言葉を見てみましょう。あるとき道元禅師は弟子たちに向かって、ある問いかけがなされました。「いったい、君たちにとって道を得るということ（得道）、つまり道を究めて何ものかをつかむということは、心によって得るものなのか、身をもって得るものなのか、いったいどちらであろうか」と。このような究極の問いに対して、私たちはどのように受け止めるべきでしょうか？

一般的には、「ボロは着てても心は錦」などというように、目に見える形や行動よりも、目に見えない心や精神性の方が、より重んじられると考えるものです。しかしかの本居宣長が「意は似せ易く、姿は似せ難し（心は真似をしやすいが、姿や形を真似するのは難しい）」と看破したように、精神の重要性を安易に持ち出すことには、どこか〝うさん臭さ〟が漂うものです。

一方で「身心一如」として得道するものである、という如何にももっともらしい答えもあるでしょう。しかしこうした標榜は、求道の道半ばにある者にとっては、中身のある答えにはなりません。確かに巧妙な言い回しかも知れませんが、教えに具体性を欠くことは、指導者としては不充分だからです。むしろ、得道を完成した高次元の視界に至って、「そうか、身心は実は一如だった！」とそのとき初めて語られるべき言葉と思われます。

そこで道元禅師は、それらの曖昧な答えに対しては一刀両断のもとにこう退けます。

「心をもって仏法を計校《けきょう》する間は、万劫千生得べからず」

精神性を用いて推し量ろうとしても、それは徒労に終わるだろうと。そこでこう続きます。

「しかあれば、道を得るということは、まさしく身をもって得るなり。これに依りて、坐（禅）を専らにすべしと覚えて勧むるなり」

すなわち、まずは心自体にとらわれることなく、身体をもって地道にコツコツと取り組んで行く日々を過ごすことから、おのずと救われた自己が顕現されてゆく……。これが信によって救われた人の生き方というものだと思われます。信心によって精進（努力）が支えられる一方、かえって覚えて（＝自覚しながら）精進をすることによって、信心は覚えずに（＝自覚せずに）身についてゆくわけです。

このように、仏教では身をもって修行に努めることをときに「精進」とも呼びます。お通夜でも読まれる『仏遺教経《ぶつゆいきょうぎょう》』には「八大人覚《はちだいにんがく》」のひとつとして示され、「私が亡き後も怠らず精進しなさい」

と遺言されるほど、釈尊は努力することの大切さを説きました。

重要なことは「精進」とは結果ではないということです。目標に向かって体全体で努力することが尊いのです。たとえ心に思うような結果に至らなくとも、精進した人には必ず大切な何かが手に入るはずです。

思えば釈尊の成道に関わった五比丘のひとり、アンニャ・コンダンニャは、まさに精進の人と称えるに相応しい人物といえます。漢訳では「阿若憍陳如《あにゃきょうじんにょ》」とも称する彼は、その死後にアヌルッダ尊者によって大切に持ち帰られ、遺骨を納めた銀の塔が立派に建立されたといい、今でもそれは存するとサンユッタ・ニカーヤ註『サーラタッパカーシニー』では伝えています。

「私の弟子の中で、一番長く修行を続けている者は、アンニャ・コンダンニャである」

釈尊は、いつも彼が仏弟子たちの手本となるよう、こうおっしゃっていたといいます。コンダンニャは、もとはカピラ城の近くに住むバラモン僧で、釈尊降誕の折、あのアシタ仙の占相にもバラモン僧の見識から立ち会っている人です。やがて釈尊が出家され、悟りを開かれるまでの六年間も帯同して修行し、最初の説法を聞いて最初に悟りを開いたのも実に彼でした。釈尊はそのとき、小躍りして大いに喜んだと仏伝は記しています。

「アンニャー！　コンダンニャ！（わかってくれたぞ、コンダンニャが！）」

よほど嬉しかったのですね。常に冷静沈着な釈尊が小躍りする様子は、想像するだけでもこちらまで楽しくなります。おかげでそのまま彼の名前になったアンニャ・コンダンニャは、やがて周囲から師と尊ばれるようになっても、いつも初心を忘れずに精進の修行を続けていました。

その後、釈尊のもとに若きサーリプッタとモッガラーナの二人が入門すると、彼らは二大弟子と呼ばれるほど活躍するようになりました。そんなある日のことです。

「世尊よ、私もずいぶん年をとりました。彼らがいれば、もう大丈夫。私は残りの人生をひとりで修行したいと思います。お別れをお許しください……」

釈尊は黙ってうなずきました。山奥のマンダーキニー湖のほとり、彼は静かに坐禅を続けました。その姿に心を打たれた森の象たちが、毎日食べ物を運んでくれるようになりました。

それから十二年後、コンダンニャは久しぶりに釈尊のもとにやって来ました。

「まもなく私の命も尽きることでしょう。今まで本当にお世話になりました。ありがとうございました……」

彼はこうあいさつを申し上げると、また湖のほとりへと戻り、静寂な森の中、眠るようにひっそりと息を引きとりました。そのとき〝ヒマラヤの山々が泣いた〟と経典は伝えます。

〈無駄な努力はひとつもない〉そう信じていたコンダンニャ。心救われた尊者の満足そうな顔を拝もうと、森の中から八千頭の象が集まり、五百人の仏弟子と一緒に立派なお葬式が行われたということです。「ヒマラヤが泣いた」という伝説で知られる『サーラタッパカーシニー』からの物語でした。

◆【無罣礙故《むけいげこ》　無有恐怖《むうくふ》】

（梵）　cittāvaraṇa-nāstitvād atrasto

（発音）チッターヴァラナ　ナースティトヴァード　アトラストー

（意訳）〔菩薩たちは智慧の完成に安住しているのだから〕心を覆い妨げとするものはないから、恐れがないのです。

ことばの鍵

もろもろの欲望にこだわり、もろもろの欲望にしがみつくものは、結使（＝煩悩に操られていること）にある自己に過ちを見ることはない。

（『自説経』七、三）

続いてここでは、こころの妨げと恐怖がテーマになっています。かつて明治維新軍の本陣に単身乗り込んで来た山岡鉄舟を評して、西郷隆盛が言い放った言葉ですが、「信念以外に失うものは何もないと覚悟した者ほど恐ろしい人はいません。こころの妨げを脱ぎ捨て、真裸の信念だけになった者には、すでに恐れや憎しみなどどこにも存在しないのです。」

翻って現代の私たちはどうでしょうか。

イスラエルの国立ヘブライ大学で教鞭を執るユヴァル・ノア・ハラリ教授は、このコロナ禍にある世界について、「強欲と憎しみと無知」が渦巻く現代と論じていました（「讀賣新聞」2020.11.22朝刊）。信じる宗教は違えども、人間が例外なく有するといわれるこの三者は、仏教ではまさに「三毒」と警告する「こころの妨げ」に他なりません。根本苦の煩悩である「貪《とん》（ラーガ）」、「瞋《じん》（ドヴェーシャ）」、「癡《ち》（モーハ）」の三つです。

人間の本性は、いつも仮面で覆われているもの。仏教の教える三毒も、日ごろは世間体の裏に隠されていますが、ある条件が揃うとき、それは忽然と表出します。その条件とは、当人が精神的に追い込まれていること、そして当人が群衆にまぎれた匿名の環境にあることです。したがってコロナ禍にある現代は、まさにその条件をしっかり満たしていることになります。

しかし、一方で私たちは経験上、「強欲と怒りと無知」の行きつく先には、ある〝恐ろしい結末〟が待っていることを自覚しています。それは根拠のない自己（自民族や自国）の正当化による他者否定の系譜であり、具体的には暴力と戦争という負のスパイラルです。世界は今、その予兆ともいうべき〝格差と分断〟という現象を目の当たりにしています。実は歴史的に戦争が繰り返される理由もここにあるのですが、では何故にこの系譜に歯止めが利かないのでしょうか？その謎を解くヒントが、先の〈ことばの鍵〉にあるというわけです。

ここに示した「小部」第三経の『自説経』には、釈尊在世の様子が生き生きと描かれており、古《いにしえ》の出家者たちの感動を今に伝えます。

当時の仏弟子たちは、日々托鉢のために街へと出向き、そこで様々なことを見聞して帰ってきたようです。そこで彼らは、さっそく釈尊に報告します。釈尊はその都度、ことに寄せて教えを説かれました。

ある日、コーサラ国のサーヴァッティーへ托鉢に出かけた者が、何かの祝いごとがあったのか、街じゅうが大いに賑わっていたというのです。中には酔っ払ったり、踊ったり、大声で喧嘩をしたり……。「人々は度を過ぎて大いにもろもろの欲望に執着す」とあります。

そんな街の様子に仏弟子は、何かを感じたのでしょう。祇園精舎に帰ると、釈尊に仔細を伝えたのでした。

「三毒の結使《けっし》にある者は、決してその欲求の過失を自覚することはない……」

「結使」とは、こころの妨げである三毒に満ちた欲望のこと。やさしい天使の顔をしたこの恐ろしい魔物は、人を惹きつけて縛りつけ、どこまでも陶酔させます。そこはもはや、善悪も適不適もかなわない迷妄の世界です。自覚を促す声さえ決して届きません。

釈尊は、その心地よい魔物の「結使」が、この世には常に棲んでいることを警告したかったのでありましょう。般若心経はそんな結使のもたらす恐怖と憎しみにもふれているのです。慈しみをもって仏弟子のために、そして迷いに陶酔した現代人のために……。

第二十話　存在と言葉

◆【遠離《おんり》一切顛倒《いっさいてんどう》夢想《むそう》　究竟《くきょう》涅槃《ねはん》】

（梵）viparyāsātikrānto niṣṭhanirvāṇaḥ.

（発音）ヴィパルヤーサアスティクラームトー　ニスタニルヴァーナハ

（意訳）〔菩薩たちは、智慧の完成に安住しているため〕心を覆い妨げるものは何もないのだから、恐れはありません。〔彼らは〕真実が逆さまになった心を越えて、涅槃に入っているのです。

人間にとって、恐怖という概念はいったいどこから来るのでしょう。そもそも私たちは、日常生活において、どのようなときに恐怖を感じているでしょうか。

一般論としては、己が身体や生命に危険を感じるときに恐怖感は起こると答えられるでしょう。あるいは間接的に、その正体が不明であるとしても、不安の先にありながら、さらに人知の及ばぬ〝何か〟を感覚的に恐れることもあります。その場合は神仏や自然に対する畏敬の念も含まれます。ただし誰にとっても、およそ〝守りたい何か〟がある場合に、その何かが失われること自体に恐怖を覚えるものです。財産、名誉、恋愛、健康……。そうした守りたいものの究極が己の生命、あるいは愛する人のそれということが出来るでしょう。

しかし仏教における恐怖の概念（もしくはその原因）は、実に驚くべきことに自覚が出来ない存在こそに見出しているのです。すなわち、もっとも恐れるべき対象は「無明《むみょう》」という、到底自覚の叶わぬ無知の深淵にして、死の恐怖を操る根源です。

恐怖を覚えぬという恐怖……。それは究極の恐怖である死でさえも正しい理解を遠ざけ、あろうことか、さらなる自己の過失を暴走させる〝ノンストップの恐ろしさ〟を秘めたものなのです。この「暴走する自己の過失」について、『般若心経』本文では「真実が逆さまになった心」と表現しているわけですが、これこそが「顛倒心《てんどうしん》」です。『仏説盂蘭盆経《うらぼん》』では、目連尊者の亡母の「倒懸《とうけん》」を救う話として描かれていますが、この逆さ吊りはけっして特定の誰かの話ではなく、すべての人間にとって自身に関する無自覚の問題なのです。

◆人間の暴走を止めるもの

ことばの鍵

われ善きことを汝らに教えん。
ウシーラ香を求むる者のビーラナ草を掘るがごとく、
ここに集まれる汝らは、愛欲の根を掘るべし。『法句経』第三三七偈

人間の認識における自覚の限界は、誰もが経験するところです。兎角、他人の行動や姿はよく見えますが、いざ自分のこととなると、とんとそうした観察力は当てにはならないということもよくあります。

ある意味で、世界でもっとも良く知る人物は自分ですが、もっとも知らない相手も自分に他なりません。とりわけデカルト以来の哲学史においては、最大の問題として「自己とは何か」という疑問がありました。

野山が鮮やかなパステルカラーに染まるこの季節、私にはある憧れの光景があります。それは着飾らない言葉によって、身近な草木虫魚を指さして説かれる釈尊の姿です。

この世には、どうしようもないほどの愛欲があるものだ。しかし、もしそのやみ難い愛欲を断ち

切ったならば、その人から憂いは消え失せてゆくだろう。
まるで蓮華の葉から滴がこぼれ落ちるように……。

さあ、私は善いことを汝たちに教えてあげよう。
ウシーラ香を求める者は、ビーラナ草を根ごとに掘るだろう。そのように汝たちも、愛欲を根ごとに掘り起こすがよい。
葦が水にたやすく流されるように、渇愛の魔に心が砕かれてはならぬ。

たとえ樹を切っても、根ごとに掘り起こさなければ、樹がふたたび成長するように、愛欲の根源を滅ぼさなければ、苦しみは繰り返し現れるであろう。

（第三三六～三三八偈より意訳）

香しいウシーラは、ビーラナという草の根から作られます。春の野に女たちが、いかにも楽しそうにビーラナを採っているのでしょう。おそらくは、その様子をご覧になっての言葉と思われます。何気ない周辺にこと寄せて、親しく普遍的な真理を語りかける……。釈尊は決して私どものように、権威ある書物や人物を頼りにした物言いはなさいませんでした。こうした姿こそ、大切にしたい仏教の原風景です。

さて、ここであらためて釈尊の言葉に耳を傾けましょう。人間の抱く苦しみは、〝愛欲の根〟から現れるものであるから、その根を掘り起こして断ちなさいと私たちに警告しています。これはいったいどういう意味なのでしょうか。

再三申し上げますが、基本的に仏教の説く「苦（ドゥッカハ）」は、「思い通りにならないこと」と定義される考え方です。つまり〝かくありたい〟と頭で考える妄念と、〝かくあった〟という眼前の事実の差異です。この観念と現実のギャップこそが「苦」なのですから、それを埋めるためには、基本的に二つの方法しかないでしょう。自己の観念を改めるのか、それとも他者である現実を変革させるのか、という二者択一の問題です。

ところが仏教とは、ときに神の概念さえ後回しにする宗教ですから、どこまでもリアリズムを追求する姿勢を崩すことはありません。むしろ、限りない努力を払っても〝揺るがない現実〟が人生にはあるということを積極的に認めた上で思索を深めてゆく、これが仏教の基本的な態度です。根本苦である「生老病死」をはじめとする四苦八苦はこうした考え方から理解するべき教義なのです。

それゆえに、私たちがこの揺るがない苦の現実を前にしたとき、〝かくありたい〟と求める愛欲については、その心根《こころね》（性根《しょうね》）を掘り起こし、自身の観念そのものを変革させなければならないという方向性を追求します。正直言ってこれは難問です。

儒家の『易経《えききょう》』でも「君子豹変す、小人は面《おもて》を革《あらた》む」とします。最近は「君子豹変」という言葉はあまり良い意味では用いられていませんが、本来の君子の語義は、徳の高い人格者を指すもので、「立派な人」という意味です。したがって優れた人物ほど心を入れ替えることが出来るのだという趣旨が正しい理解であり、反対に小人物（私もそうですが大概の人物）は、自分を変えようと思っても出来ずに、ただ外面を改めるだけであって、普通、心根までは変わらないものだと看破している諺《ことわざ》なのです。

思えば現代は、地球温暖化にＡＩの登場、ウイルスの猛威などなど……、今まさに地球史上、未曽有の激変期を迎えて、人類は否応なくその価値観の変革に迫られている状況であることも忘れてはいけません。ゆえに今こそ、私たちはこの『般若心経』の知恵を借りて〝愛欲の根〟を掘り起こし、現実に向き合うべきときといえるのです。

◆【三世諸仏《さんぜしょぶつ》　依般若波羅蜜多故《えはんにゃはらみたこ》　得阿耨多羅三藐三菩提《とくあのくたらさんみゃくさんぼだい》】

（梵）tryadhvavyavasthitāḥ sarva-buddhāḥ prajñāpāramitām āśrityānuttarāṃ samyaksambodhiṃ abhisambuddhāḥ.

（発音）トリャドヴァヴャバスッティターハ　サルヴァ　ブッダーハ　プラジュニャーパーラミターム　アーシュリティアーヌッタラーム　サンミャクサムボーディム　アビサムブッダーハ

（意訳）過去・現在・未来に安住しているすべての仏たちは、般若波羅蜜多の智慧に安んじて（＝智慧をよりどころとして）、この上ない正等覚（悟り）（の境地）に到達しました。

「三世（トリャドヴァ）」とは、三つの時間、つまり過去と現在と未来です。インド仏教では、多く「過未現」といって時間順に並列する日常語とは順序が異なります。つまり仏教語としての「過未現」には、過去と未来は現在にすべて収斂されているという考え方が込められています。

過去という時間は記憶の中に、未来のそれは意志の内に存在するのであり、現象する世界の現在だけが時間として実在すると考えますから、過去と未来は現在に出現する一刹那一刹那に重ねられていくことになります。ただし、その現在時間でさえ、〝今だ！〟と認識しようとしても、その瞬間にすでに過去へと過ぎ去ってしまう存在に過ぎません。また反対に、予め〝今こそ現在だ！〟と未然に知ろうとしても、それはけっして今にはなりません。したがって現在とは、その瞬間ごとに過去か未来のいずれかに含まれてしまう世界なのです。つまり認識しようにも認識できない「空なる世界」としてのみ現在時間は存在します。

このように考えますと、三世とはすべての時間を超越して、ありのままに今を生きる存在であることがわかります。般若の智慧の前には、過去も未来も現在も違いはないのです。

「古仏未だ悟らずば今者と同じきなり、悟了すれば今人即ち古人なり」

道元『正法眼蔵』「渓声山色」

鎌倉時代の初期、いまだ世を席巻していた末法思想を真っ向から否定した道元禅師ならではの言葉です。〝昔の時代は悟りを開くことが出来たが、今の時代は駄目だ〟といった単純な考え方はナンセンスです。

「たとえの偉大な仏であっても、まだ悟りに至っていなかったのであれば、今のあなたとまったく同じではないか！　また悟りをすでに得ているのなら、たとえ今の人であったとしても、伝説となった古《いにしえ》の仏たちと同じように偉大な仏なのですよ！」と。

これは今の私たちにとっても大きな励みとなるメッセージです。何ごともそうですが、禅語にいう「裂古破今《れっこはこん》（古を裂《さ》き今を破る）」の教えの通りです。古い新しいという時代を根拠にものの真贋は量れません。歴史上古い時代のことだからといって、必ずしもそれだけで尊かったというわけでなく、反対に今の出来事だから大した意味はないと思い過ごすことは、大きな誤りです。

したがって唯一絶対神を仰ぐ他宗教とは大きく異なり、仏教では悟りを得た仏（ブッダ）という存在は、過去にのみ存在したというような唯一単数ではないことを前提とします。複数形で「諸仏」と称するわけはそこにあるのです。

◆信じることは知ること

かつて私は、「縁起」という思想をめぐって「知ることは信じることである」とお話しました。かの中村元《なかむらはじめ》先生が「縁起の理法」という訳語を多用されたことが一因かもしれませんが、縁起が単なる道理や理法と理解されることに、私は大きな違和感を覚えたために、敢えてそのような物言いをしたのでした。

縁起とは、その人が内面に深く受け止めて人生に照らし合わせたとき、諸行が無常であると初めて知ることを通してようやく信じることが出来る考え方なのです。単純に〝それは理法というものだ〟と他人に伝えたり、指したりすることが出来るような代物ではないのです。ましてや自然の法則や物理的な展開のような出来上がりのイメージで捉えているとしたら、縁起の真相には程遠いものとなるでしょう。

その意味で「空」を本質とする縁起の思想を智慧とする「阿耨多羅三藐三菩提」を「得る」、またはそこに「到達する（入る）」とは、どのように理解したらよいのでしょうか。そもそも『般若心経』は、今までさんざん「知も無く、悟りも無く、得るものなど何も無い」と主張してきたのですから、ここに至って唐突に「三菩提（サムボーディ）を得る」と表現していることは、むしろこれまで「得るものは無い」としてきた態度と矛盾しているといえます。つまりここで獲得するべき対象は、頭で考えたような対象ではなく、理屈で論及されるような知でもないということなのです。それはもう今まで登場した如何なる概念とも異なり、いかなる人間の計らいをも及ばない〝超越した何か〟でしかありません。だからこそ今回だけは「それを得る（そこに到達する）」と言っているのです。そこでこのたびは、敢えてこう申し上げることにします。

「信じることこそが知ることである」

これを言語学の側面から見てみましょう。ソシュールは、文字は言葉の持つ音声の側面である「シニフィアン（指示部である能記）」と、意味内容の側面である「シニフィエ（指示対象である所記）」から成り立つと指摘しました。その意味で、記号（シーニュ）を学んで知識として獲得することは、人間として知ることの第一段階に過ぎないわけです。例えば「信号機の色は赤・青・黄色である」と認識しているレヴェルです。

次に人間はその文字の意味を理解することになります。「赤は止まれ、青は進むことが出来る、黄色は要注意」というレヴェルで、これが第二段階。存在の意味を知り、〝言葉の説明〟として辞書的に理解しているという程度です。

この先、言語記号学では文字をどのように扱うかは門外漢の私には不明ですが、ベルクソンなどはすでに見極めていたように、個々のレヴェルにおいては当然のように第三段階へと深化されていくことになります。つまり言葉には人を突き動かす力があると知って「文字を体解《たいげ》する」ようなレヴェルです。

例えば横断歩道で事故を経験した人であれば、「色の指示を守ることは、そのまま命を守ること。本当に大事なことなんだよね……」と、しみじみ実感することもあるでしょう。そこではもはや単なる色の違いを超えて、深い感慨と強いメッセージだけが心を支配しています。「三帰礼文《さんきらいもん》」でも「大道を体解する」と唱えるように、「体解」とは恰《あたか》も溜息をつくように「ああ！　それはまったくその通りだ！」と納得したり、ときにその文字が人生観を一変させたりする段階なのです。それゆえこの第三段階に至って、信じることによってのみ、はじめて本当の世界観が構築されることになります。

こうして『般若心経』は、誰であれ智慧の完成をたよりにする者、つまり自己を〝仏の家に投げ入れて〟信じることが出来た者ならば、すべての人が「この上なき正しい悟りを現わされた」ことになります。すなわちそれは知識の対象ではなく、〝深遠にして超越した何か〟を「故得（アビサムブッダー）」、つまりその境涯に到達したということですから、「この上ない」という意味の「阿耨多羅（アン・ウッタラー）」と、正しいの「三藐（サンミャク）」という形容詞をここに重ねて付け加え、さらに強調の接頭辞である「三（サム）」を「菩提（ボーディ：悟り）」にまで冠して最大級の真理を表現しているわけです。

ちなみにこの一文は、『二万五千頌般若《じゅはんにゃ》』の第二章に近似した記述であることが判明していますので、『般若心経』の成立問題をめぐる研究では、特に注目されているべき箇所であることも申し添えておきます。

◆【故《こ》知《ち》般《はん》若《にゃ》波《は》羅《ら》蜜《み》多《た》　是《ぜ》大《だい》神《じん》呪《しゅ》　是《ぜ》大《だい》明《みょう》呪《しゅ》　是《ぜ》無《む》上《じょう》呪《しゅ》　是《ぜ》無《む》等《とう》等《どう》呪《しゅ》
能《のう》除《じょ》一《いっ》切《さい》苦《く》　真《しん》実《じつ》不《ふ》虚《こ》　故《こ》説《せつ》般《はん》若《にゃ》波《は》羅《ら》蜜《み》多《た》呪《しゅ》　即《そく》説《せつ》呪《しゅ》曰《わつ》】

（梵）　tasmāj jñātavyaṃ prajñāpāramitā-mahāmantro
mahāvidyāmantro 'nuttaramantro 'samasama-mantraḥ,
sarvaduḥkhapraśamanaḥ. satyam amithyatvāt
prajñāpāramitāyām ukto mantraḥ, tad yathā:

（発音）タスマージュ　ジュニャータヴヤム　プラジュニャーパーラミター
マハーマントゥロー　マハーヴィドゥヤーマントゥロー　ヌッタラ
マントゥロー　サマサマ　マントゥラハ　サルヴァドゥッカハプラシ
ャマナハ　サティヤム　アミトゥヤトヴァート　プラジュニャーパー
ラミターヤーム　ウクトー　マントゥラハ　タッド　ヤタハー

（意訳）したがって〔次のように〕知られるべきです。
般若波羅蜜多の大いなる真言、大いなる悟りの真言、この上ない真言、無比の真言が、一切の苦を鎮静させるものであり、真実なのです。〔なぜなら真言は〕偽りがないからであり、般若波羅蜜多〔の智慧〕を目的として説かれた真言なのです。すなわち〔以下の通りです〕。

さて、いよいよ『般若心経』も大団円を迎えようとしています。最終的にはクライマックスとなる真言（マントラ）を称えるための修飾語なのですが、なぜ過剰なまでに称賛するのか、その理由は前節で述べた通り、「知→信」ではなく「信→知」のプロセスによって私たちの日常的な習慣や理性を破壊させるために述べられます。

兎角私たちは頭の中で理屈を考え、言葉によって理解しようとします。それは日常レヴェルではたしかに大切なことですが、般若の智慧をよすがとするためには、そうした日常の習慣性を捨て去る必要がありました。「信じることによってしか知り得ない境地」に到達するためには、習慣性に基づく知はかえって妨げとなるからでした。

では『般若心経』の著者になり代わってここでの本音をお話ししましょう。

「シャーリプトラさん、やっとわかっていただけたでしょうか？　今まで延々と述べてきましたが、覚りに至る智慧という意味の般若波羅蜜多とは、何らの実体もない〝空〟を本質とするのですから、日常の言葉や概念を使った手段では到底言い表せないのですよ。

だからシャーリプトラさん、これだけはぜひ知っておいてください！　本当の仏の智慧は真言、つまり呪文によってのみ表すことが出来るのだということを……。

つまりそれは大いなる覚りの呪文（是大神呪《ぜだいじんじゅ》）であり、ものごとを明らかにする呪文（是大明《ぜだいみょう》呪《じゅ》）であり、この上ない呪文（是無上呪《ぜむじょうじゅ》）であり、同じようなものはない比類なき呪文（是無《ぜむ》等等呪《とうどうじゅ》）であり、すべての苦しみを鎮める呪文であるということを……。

智慧を表す真言には偽りがないのですから、これこそ真実なのです！」

◆存在と言葉

ことばの鍵

真言の密義を得れば、一切の法教、皆悉く平等平等なり
（真言の深密な意義を得れば、すべての仏法は絶対平等なのです）
空海『十住心論《じゅうじゅうしんろん》』八

とどのつまり、人間の知性とは言葉の習慣性を打ち破ることによってのみ開拓されるものだと思われます。仏教の語源であるブッディが「気づき」を意味することは、その証左です。私たちにとって当然のこと――すでに構築されている概念や何げない日常行為など――には、何らの気づきも起こらないでしょう。しかしいったん、その当然が崩壊したときにのみ、気づきや発見が突如として出現します。人間の知性が動き出すのは、まさにその瞬間なのです。

ふりかえって考えると、自己の周囲に起きている出来事や存在するものについて、果たして言葉はどこまで追いついてゆけるのでしょうか。万葉歌の真相を宣長が見抜いたように、人生の喜怒哀楽を和歌に吐露することはかなり困難なことです。否、感情を言葉に変換した瞬間、その存在は両手からするりとこぼれ去ってゆくのが落ちです。存在と言葉とはそのような関係なのかもしれません。しかしそれでも私たちは言葉の営みの中で悪戦苦闘しながら生きてゆくしかありません。

それゆえ仏教では、幾千億万の感情と存在の意味を文字無き文字によって辿り着こうとするのです。真言、念仏、坐禅、千日回峰、護摩行、修験道……。姿は違えども、これらはおよそ日常の言語習慣や考え方を拭い去ろうとする営みであり、無自覚の思い込みを解体して目指すべき境涯へ到達しようとする点でどこか通底しています。八万四千の法門といわれる仏教ですが、いずれの宗派宗門においても、何らかの〝意味への解体〟が行われているということです。そしてそれが修行と祈りの真相なのかも知れません。

そこでここでは空海の真言をめぐるコメントを掲げることにしました。

もしこの真言（マントラ）の深密なる意味を得るならば、すべての仏の教えは、みなことごとく絶対平等と知るでしょう。〔たとえたった一つの存在でも多くの意味を含むのですから、密教ではわずかに一字の真言であっても無限に多くの意味を含むのです。それゆえに顕教《けんぎょう》が〕もし名字文句を用いて経典や論書などに頼りつつ修行するのならば、いたずらに年数ばかりを積みあげて、むやみに肉体と精神を費やしたとしても、悟りの世界に到達することなど出来ないのです。

若し此の真言の密義を得れば、一切の法教、皆悉く平等平等なり。
若し多名顕句の経論疏《きょうろんしょ》等に依りて修行する者は、徒に年劫を積みすて
空しく身心を費やせども、法界に証入することを得ず

『十住心論』八（『定弘大全』一、三六七頁）

言葉を用いなければ人は人たり得ず、その一方で、言葉を用いて人は人の世の真実に辿り着けない……。そんな矛盾がこの世界の本質なのだと知るとき、人は人を超えた〝真の文言〟に出会うのです。

第二十一話　空——永遠への旅立ち

◆【羯諦羯諦《ぎゃていぎゃてい》　波羅羯諦《はらぎゃてい》　波羅僧羯諦《はらそうぎゃてい》　菩提薩婆訶《ぼうじそわか》　般若心経《はんにゃしんぎょう》】

（梵）gate gate pāragate pāra-saṃgate bodhi svāhā. iti Prajñāpāramitā-hṛdayaṃ samāptam.

（発音）ガテー　ガテー　パーラガテー　パーラ　サムガテー　ボーディ　スヴァハー　イティ　プラジュニャーパーラミター　フリダヤム　サマープタム

（意訳）「〔般若波羅蜜多の彼岸《かのきし》に〕達したものよ。達したものよ。彼岸に達したものよ。彼岸に完全に達した者よ。悟りよ、幸あれ」と、このように般若波羅蜜多の心が完結されます。

さて、『般若心経』の言葉の旅ももうすぐ終着駅です。しかしどのような旅でも、その果てには〝新たなる旅〟が待っているものです。『般若心経』は、いったいどんな心の旅を私たちに示してくれるのでしょうか。

「達したものよ」と訳した「ガテー（gate）」とは、動詞の「行く（ガム、√gam）」が過去受動分詞形となった「ガタ（gata）」が女性名詞として使われている言葉「ガター（gata）」で、それが単数、呼格（呼びかけ）の形に変化したものです。したがって「到達したものよ！」と訳されます。多くの和訳では「行けるものよ」とか「往ったものよ」と表記しています。「行く」と「往く」は、ある目的の地まで進むこと、移動することで同じ意味を持ちますが、「往復」との語があるように、「往く」には元の位置へ戻るニュアンスが含まれたり、「往生」と解釈されたりする場合がありますから、「行ったもの」とか「達したもの」と表記する方がよいと思われます。

弘法大師空海の解釈『般若心経秘鍵』によれば、はじめの「羯諦」は声聞乗《しょうもんじょう》の修行と成果を表し、つぎの「羯諦」は縁覚乗《えんがくじょう》の修行と成果、第三の「波羅羯諦」は大乗の修行と成果、第四の「波羅僧羯諦」は真言乗のそれを明かし、最後の「菩提薩婆訶」は一切乗《いっさいじょう》（すべての教え）の究極である菩提（悟り）へ到達した賛辞であるとします。

いずれにしても基本的にこの陀羅尼《だらに》は、智慧の完成者に向けて発した祝福の語によって構成されています。「陀羅尼」とは、正しくは「ダーラニー、dharani」といい、一語においてもそこにさまざまな語義を含むために、「善法（正しい教え）の総《すべ》てを持して散ぜしめず」という意味で「総持」と訳されます。大乗仏教の起源とは何かという視点から言えば、陀羅尼とは当時の人々の精神的な素質と傾向にかなうように変貌を遂げた仏教の一形態でもありました。すなわち複雑で高度な論究を構築したアビダルマ仏教とは一線を画したもので、救済を求める民衆に寄り添うべく信仰のよるべとなって出現し、受け継がれた明呪《みょうじゅ》であり、持明《じみょう》であり、陀羅尼であり、最高の真言なのです。

したがって玄奘はあえて漢訳にはせず、原語のままにサンスクリット語を音訳することによって言葉の神秘性を高め、永遠回帰の祈りへ展開することを願ったものと推測されます。

ただし、ここからがたいへん重要なのですが、この真言はヴィドゥヤー（vidya、明呪）であって、決してマントラ（mantra、まじないの呪句）ではないということです。かつて私の大学院時代、平川彰先生（一九一五～二〇〇二）が授業中に力説されていた姿を今でも鮮明に覚えています。

「私はですね、本来ダラニのようなヴェーダ聖典の呪文に類似したものが、堂々と大乗仏教に採用されたとは考えにくいと思っているんです……」

おそらく平川先生は、いかに民衆化された大乗仏教という宗教運動であっても、そこには原始仏教以来、かたく禁じられていた呪術による祈祷とその呪句であるマントラとは異なる〝新たな意味〟があるはずだと説明されていました。いわばダルマ（正しい釈尊の教説）を保持するものとして、新たな仏教の実践法としてダラニが民衆に受け入れられていた一面が背景としてあったと考えられるのです。

◆陀羅尼と三昧《ざんまい》（禅定）は表裏一体

では呪的なマントラとは異なる〝新たな意味〟を持つ大乗の真言とはいったい何でしょうか？その答えはどうやら般若経典群の中に見出せるようです。一例として『大品《だいぼん》般若経』の「堅固品第十六」の該当箇所を示します。

仏は須菩提《しゅぼだい》（スブーティ：解空第一の十大弟子）に次のように告げた。

「須菩提よ、阿惟越致《あゆいおっち》（修行が後戻りしない境地）の菩薩は、一心に常に仏道を念じて、浄命《じょうみょう》（清らかな生活）を送っているために、呪術やまじないを行わないものだ。鬼神を呪して男女を占い、その吉凶・異性・金運・寿命の長短を問うこともない。（大正蔵 Vol.8 p.342b）

さらに仏は次のようにおっしゃった。

「須菩提よ、阿惟越致の菩薩たちは、仏の説法を聞いて疑わず、悔いず、聞き終わると言葉を受持して、永く忘失しないものだ。なぜだろう？ その理由は他でもない。彼は陀羅尼を得ているからである」

須菩提は尋ねた。「世尊よ、いったい何の陀羅尼を得れば、そのように説法の言葉を聞いて忘れることなくいられるのでしょうか？」

これに仏は次のように告げた。

「それは菩薩たちが聞持《もんじ》陀羅尼（聞いて忘れないダラニ）などの真言を体得しているから、たとえ仏がさまざまな諸経を説いても、決して忘れず、失わず、疑わず、悔いることがない。あらゆるすべての教説の言葉について、菩薩たちは陀羅尼を体得することによって、みな忘れず、失わず、疑わず、悔いることがないのである」（大正蔵 Vol.8、p.343c）

こうした『大品』の記述から、大乗仏教では次の三点が確認されることになります。

①不退転の菩薩は、マントラを用いた呪術やまじないは決して行わないこと。
②仏の教説を終生忘れないために、聞持の陀羅尼が必要であること。
③陀羅尼の体得は、忘失しないだけでなく、疑念や後悔が払拭されて修行が進むこと。

結果として陀羅尼を繰り返し繰り返し唱えるようになれば、その人には雑念がなくなって三昧（禅定）に入ることになり、同時にすべての言語の説法を記憶することができるようになります。これを聞持陀羅尼と言います。そのためには、声に出さずに唱えるのがよいともされますので、「入音声陀《にゅうおんじょう》羅尼」とも呼ばれます。ところがこの陀羅尼が、もし普通の言葉であれば、おそらく意味を分別したり、理解したりとさまざまな意識が働いて、結局は無念無想の三昧に至ることは叶わないでしょう。それゆえ陀羅尼には神秘な力を秘める原語が用いられるわけです。

このように二千年前の大乗を標榜する仏教徒たちにとっては、陀羅尼と三昧が表裏一体のものであったことも推測されるのですが、後代の禅宗でも日常的に「大悲心陀羅尼《だいひしん》」や「消災妙吉祥陀羅尼《しょうさいみょうきちじょう》」、「甘露門《かんろもん》」といった陀羅尼経典を読誦しますが、それは同じ理由によるものです。しかしながら、そもそも説法を聞持せよとの教えは、決して新たな発想ではなく、むしろ文字を書き記さなかった釈尊の時代こそ重んじられた教えです。釈尊の入滅直後に行われた経典編纂会議、いわゆる「第一結集《けつじゅう》」では、仏弟子たちの記憶のみによって受け継がれているわけですから、それから二百年ほど経過してようやく文字に記されることになったことを考慮すれば、忘失を防ぐ手段としての陀羅尼と、記憶の反芻に精神集中する三昧（禅定）がいかに大事であったかがわかります。

◆生きる力が湧いてくる言葉

ことばの鍵

正しい教えを忘れずに、いつも心にとどめおいたならば、
さまざまな煩悩という賊がやって来ても、侵入することはない。
あたかも鎧を着けて戦場に入れば、何も畏れることがないように……。

（『仏遺教経《ぶつゆいきょうぎょう》』「不忘念」の教え）

この〈ことばの鍵〉は、釈尊の遺言として知られる『仏説般涅槃略説教誡経《はつねはんりゃくせっきょうかいきょう》』、いわゆる『仏遺教経』にある名句です。該当箇所を口語訳すれば次の通りです。

「修行者たちよ、善知識（善き先生）を求め、善護助（善き仲間）を求めることも大切であるが、不忘念《ふもうねん》（教えを忘れることなく、常に心に念じること）ほど大切なことはない。もし不忘念があれば、諸々の煩悩という賊が（その心に）侵入することはかなわないだろう。ゆえに修行者たちよ、常に集中して心を静かにせよ。

もし念を失ったならば、諸々の功徳をも失うであろう。もし念の力が強固であれば、五欲という賊に侵入されたとしても、これに害されることもない。たとえば鎧を着けて戦場に赴いたなら、何も畏れることがないようなものだ。これを不忘念と名づけよう」

これほどまでに人間は大事なことや大切な言葉を忘れずにいること、そのことを胸中で繰り返し唱えることが重要なのです。困ったとき、得てして新しい何かの対応策をその都度入手することが心強いと思ってしまいますが、実はすでに手にしていることの中に強力な武器があるものです。

セルフトークという用語をご存じでしょうか？　人間は、たとえば会話や作文のように明確な文字化をせずとも、頭の中ではいつも自然に言葉を発しているものです。「暑い」とか「痛い」とか、あるいは「これ、どうしよう？」といった他愛もない言葉ですが、いわば内面の独り言がセルフトークです。一般的にその数、実に一日で四万回から六万回はあるといわれます。そしてその膨大な言葉のうち、ネガティブな意味合いのものが、全体の約八割を占めています。つまりポジティブな言葉は、わずかに二割に過ぎないというのが通常の自己の内面なのです。これでは人間、なかなか向上心を持って生きてゆくことは難しいでしょう。

そこで何ごとであっても、心も行動もポジティブに生きていきたいものです。そのためには自己のセルフトークも、常にポジティブでなければなりません。

「ぎゃあてい、ぎゃあてい、はあらあぎゃあてい、はらそうぎゃあてい、ぼうじいそわか……」

たどたどしくても、多少自分流があっても構いません。ゆっくりと深呼吸をした後、この『般若心経』を唱えることが最良ですが、この陀羅尼のみを唱えても大丈夫です。「能《よ》く一切の苦を除く」のですから、この陀羅尼ほど心強いものはないと信じることです。かの弘法大師空海も『般若心経秘鍵』で、次のように述べています。

「この真言は不思議なり。観誦《かんじゅ》すれば煩悩の根源である無明を除く。わずか一字にも千理（一千の教え）を含み、たとえ煩悩を持った身でも、絶対の真理がそこに出現する」

これこそが本当の利益《りやく》です。利益《りやく》は決して利益《りえき》ではありません。利益《りえき》は何らかの得になる収益ですから、英訳すればプロフィッツであり、メリットであり、ゲインと解されます。しかし仏教語の利益《りやく》は厳密には英訳できない深遠な言葉です。なぜなら利益《りやく》とは、本当の意味でその人の心が仏によって救済されるはたらきだからです。たとえどんなに収益があって裕福になったとしても、自己の心の苦しみが救われなければ元も子もありません。

◆空――永遠への旅

ことばの鍵

人々は多いが、彼方《かなた》の岸（彼岸《ひがん》）にたどり着く者は少ない。
他の多くの人々は、此方《こなた》の岸（此岸《しがん》）にそってさまよっている。
真理が正しく説かれたときに、真理にしたがう人々は、
渡りがたい死の領域を超えて、彼方の岸に至るであろう。

（『ダンマパダ』第八五偈、第八六偈）

以前にも申し上げましたが、仏教とは「仏の教え」であると同時に、「仏になる教え」でもあります。「仏になる」とは、論理的に考えて「仏でなかった者が仏になったこと」を意味します。すなわち此岸の凡夫が、彼岸の仏に変貌を遂げることです。しかし人間が甲から乙への変貌は、厳密に考えますとかなり困難なことです。なぜならば、煩悩の覆いを脱ぎ捨てた人、つまりすでに知っている人ならば煩悩なき視界を〝知っている〟のですから、当然対象を知ることが出来ます。しかしその一方、煩悩に覆われたままの人は、煩悩なき世界をいまだ知らないのですから、そのままでは道理の何たるかを知ることはどこまでも叶わないでしょう。「砂糖は甘い」といくら力説しても、砂糖を知らず、舐めたことがない人に砂糖の甘さを知らしめることは困難であることと同じです。

　このように、般若波羅蜜多の智慧をめぐる明《みょう》（ヴィドゥヤー）と無明《むみょう》（ア・ヴィドゥヤー）の間には、越すに越されぬ遥かな大河が流れています。それではどうしたらその河を渡り、彼方の岸へとたどり着くことが出来るでしょうか？　この疑問に対する答えは、ただひとつ。それは煩悩なき世界があろうとなかろうと、ただひたむきにあることを〝信じて〟河に飛び込むしかないのです。結果として甘かろうが辛かろうが、砂糖を口にするしかないのです。すなわち真実の教えに出会い、それを知ったからには、自己の知を乗り越えようとする「信力（シュラッダー・バラ、zraddha-bala）」がどうしても必要になります。

　それではその「信力」は、どのようにして生まれてくるのでしょう？　それはこの人間世界で彼方の岸へ渡った人が現実にいるということ、彼岸を知る人を讃えて祝福する言葉が、ひいては私たちの信力を生ぜせしめ、彼岸へと誘うのです。

そこで、この『般若心経』の旅の終わりを彩る〈ことばの鍵〉には、やはり釈尊の『ダンマパダ』を引用しました。釈尊はこの「彼岸」という譬喩をとても好んで用いています。ある日は牛飼いの子どもたちが、楽しそうに河を横切って牛を渡す様子をとりあげては彼岸と此岸を語られました。またある日は河の岸辺にじっとたたずまれ、「如来とは此岸から彼岸へと人々を渡す者である」と諭されました。そしてこの日、釈尊は彼方の岸辺を遥かに望みつつ、おそらくは遠いまなざしをなさっていたのかも知れません。そしてこう語ったのでした。


「世に人々は多けれど、彼岸に至る者は何と少ないことか……。

そしてまた、此岸にあってただ忙しく右往左往するばかりの者の何と多いことか……」


釈尊のこの感慨深い言葉に込められた思いについて、私は私なりにいつも想像するのです。彼岸と此岸の双方の人々に、はたして何の違いがあるのだろうかと。それはおそらく人数の多少ではなく、その人の「願い」が何であるかによってその人の居所を分けているように思われます。すなわちその人の抱く願い（誓願）が知の眼を開かせて、信の力を呼び覚ますのでありましょう。

そもそも「達したものよ」と訳される「ガテー（gate）」が、過去分詞という形をとっていることに私は意味を感じます。今後はそうかも知れぬという未来形ではなく、今そうしているという現在形でもありません。それは「如来というお方が、かつて彼方の岸に到達されたのだ。まさにそのように私もありたい」と願いを抱きつつ今を生きる姿が過去分詞形という姿に現れていると思われます。

誰であっても此方の岸辺をただ走り回り、さまようばかりの日々を送ることはあるでしょう。しかしそんな人生に別れを告げ、願いに生きることに目覚めたとき、私たちは誰でも激流を渡って彼方の岸辺にたどり着くことが出来るのです。そしてそれは、また誰かを渡してあげようとする新たな日々の始まりでもあります。一人ひとりにかけがえのない願いがある限り、この『般若心経』の旅は永遠に続くことでありましょう。

おわりに

渓谷和尚の辻説法は、いかがだったでしょうか。あらためて仏教とは、実に奥深いものと実感させられます。知れば知るほどに異なった視界が開かれ、新たな疑問が浮かび上がるからです。しかし釈尊も、「迷える者は知る者である。なぜなら知っているが故に迷うのであり、知らなければ迷うことがないのだから」とも示されましたから、最終的には疑問は常に抱きながら、次なる言葉のごとく〝信頼の船〟に身を預けたいと考えます。

「白鳥は太陽の道を行き、神通力による者は虚空《そら》を行く。そのように心ある人々は、欲望の悪魔とその軍勢にうち勝って世界を超越して行く」(『ダンマパダ』第一七五偈)

こうして紀元前に記された珠玉の言葉に耳を傾けつつも、ふと世界に目を転ずれば、人類はいまだに深刻な問題に直面しています。地球環境の破壊に国際間の絶え間ない戦争……。人心乱れ、欲望が渦巻く荒波の現代を私たちは生きています。それは過去のどの時代を生きていた先人たち以上に、科学の進歩を手中にしてしまった現代人だからこそ、誤った選択は許されず、そのためには何らかの正しいよるべが必要になってくるものと思われます。すなわち、あらゆる価値観や損得の違いを越えた普遍的な理念が求められる時代なのです。
それゆえ仏教の宣揚する法《ダルマ》（dharma）もそのひとつであるとの思いに駆られ、大法輪閣様のご厚意のもとで、この「じっくり読み解く『般若心経』―渓谷和尚の辻説法―」シリーズは始まりました。「辻説法」としたのは、あくまでも私見を世に問うためだったからです。

一九三四年の九月に創刊された仏教月刊誌『大法輪』は、私にとっては綺羅星の如く学界で活躍されていた仏教研究者による金言の蒐成でした。そして亡き父にとっては法話のための愛読書でもありました。赤と青の色鉛筆でラインを引きながら、毎号に付箋を挟み込んで行く父の姿に、学徒出陣で大学を切り上げて出征せざるを得なかった青春時代の父を想像したものです。

そんな私にとっての特別な存在である『大法輪』に、二〇二〇年の七月最終号まで執筆の機会をいただいたことは、この上もなく栄誉なことでした。また未完の本編をこのような完結形で上梓されたことは、望外の喜びでもあります。

最後に、恩師の袴谷憲昭先生はじめ、今は亡き奈良康明先生、平川彰先生、高崎直道先生、三枝充悳先生、箕無闘先生、石川力山先生には、心より感謝を申し上げます。さらには遅々として進まない執筆に寛恕の上で、著書に仕上げるまで数多のご尽力をいただいた大法輪閣の石原英明様、貴重な教示をくださった小山弘利様、本書を手にとってくださった読者の皆さまには、紙幅を借りて幾重にも御礼を申し上げます。拙書の斧正を希いつつ、『般若心経』参学の一助となれば幸いです。

令和四年　九月二十六日

東北福祉大学八幡寮にて記す　　千葉　公慈

千葉　公慈（ちば・こうじ）

1964年、千葉県市原市朝生原生まれ。曹洞宗宝林寺住職。

駒沢女子大学教授、刑務所・少年院の宗教教誨師を歴任。

現在は学校法人栴檀学園 東北福祉大学学長。東北福祉看護学校校長。

芹沢銈介美術工芸館館長。大本山永平寺公開講座講師。

千葉県いちはら観光大使。地域おこし隊「いっぺあ de 渓谷」代表。

（株）小湊鐵道取締役。2017年グッドデザイン賞（受賞番号17G070631）。

専門分野はインド仏教教理学。日本文化論。


【主な著書（一般書）】

『知れば恐ろしい日本人の風習』『仏教から生まれた意外な日本語』『心と体が最強になる禅の食』『うつが逃げだす禅の知恵』『お寺と仏教』（以上 河出書房新社）、『祖師に学ぶ禁煙の教え』（仏教タイムス社）、『心に花を咲かせる言葉』（双葉社）、『運がよくなる仏教の教え』（集英社、萩本欽一・千葉公慈共著）ほか。
※曹洞宗誌『てらスクール』「こちらてんぐ山 おてら掲示板」連載中。

じっくり読み解く **般若心経** —渓谷和尚の辻説法—

2022年12月16日　初版第1刷発行

著　者　千　葉　公　慈
発行人　石　原　俊　道
印　刷　三協美術印刷株式会社
製　本　東京美術紙工協業組合
発行所　有限会社　大　法　輪　閣
〒150-0022 東京都渋谷区恵比寿南 2-16-6-202
TEL 03 − 5724 − 3375（代表）
振替 00160 − 9 − 487196 番
http://www.daihorin-kaku.com

ISBN978-4-8046-1441-0 C0015